NOELLE MERING

A CULTURA
WOKE

NOELLE MERING

A cultura Woke

Tradução
Igor Barbosa

Todos os direitos reservados a
QUADRANTE EDITORA
Rua Bernardo da Veiga, 47 | Tel.: 3873-2270
CEP 01252-020 | São Paulo - SP
atendimento@quadrante.com.br
www.quadrante.com.br

Direção geral
Renata Ferlin Sugai

Direção de aquisição
Hugo Langone

Direção editorial
Felipe Denardi

Produção editorial
Juliana Amato
Gabriela Haeitmann
Karine Santos
Ronaldo Vasconcelos

Capa
Karine Santos

Diagramação
Las Niñas Estúdio

Título original: *Awake, not Woke: Christian Response to the Cult of Progressive Ideology*
Edição: 2ª
Copyright © 2021 by Noelle Mering

Publicado pela TAN Books/St. Benedict Press, USA. Todos os direitos reservados.

Esta edição em português foi publicada mediante acordo com a TAN Books/St. Benedict Press, por meio da Riggins Rights Management.

Dados Internacionais de Catalogação na Publicação (CIP)

Mering, Noelle
A cultura "woke" / Noelle Mering – 2ª ed. – São Paulo: Quadrante Editora, 2025.

ISBN: 978-85-7465-821-6

1. Comportamento sexual 2. Ética sexual 3. Revolução - Sexualidade 4. Sexo - Aspectos sociais I. Título

CDD-306.7

Índices para catálogo sistemático:
1. Comportamento sexual : Sociologia 306.7

Sumário

Agradecimentos — 9

Introdução — 11

PARTE I - Origens

1
Sereis como deuses — 23

2
O caminho até Frankfurt — 33

3
A caminho da América — 41

PARTE II - Dogmas

4
O grupo acima da pessoa — 59

5
Vontade além da razão — 75

6
O poder acima da autoridade							91

7
A turba e a vítima							105

PARTE III - Doutrinação

8
A Revolução Sexual							123

9
Controle de pensamento e discurso					143

10
Ativismo educacional							165

PARTE IV - Restauração

11
A pessoa								185

12
A família								199

13
A cidade de Deus							213

Ao Pe. Paul Donlan, que tem sido em minha vida
um instrumento dócil, mas verdadeiramente poderoso,
do Espírito Santo.

Desperta, tu que dormes!
Levanta-te dentre os mortos, e Cristo te iluminará.

– Ef 5, 14

Agradecimentos

Sou grata a uma série de amigos e familiares maravilhosos que me deram apoio ao longo da redação deste livro. Algumas almas generosas, entre elas Carrie Gress, Alex Lessard, Jon Kirwan e Nancy Mering, ofereceram-me um respaldo inestimável.

Parentes – Nicole e Ray Tittmann, bem como Irene e Phillip Cronin – serviram como excelentes caixas de ressonância e suporte durante todo o processo.

Agradecimentos especiais dedico à equipe da TAN Books, sobretudo Brian Kennelly e Conor Gallagher, por seu incentivo, profissionalismo e talento. E a Wesley Marc Bancroft, pelo projeto gráfico inspirador.

Sou grata àqueles que trouxeram a público meus artigos, alguns dos quais acabaram reaparecendo aqui, em forma parcial: Kevin Knight, do *National Catholic Register*; Joy Pullmann, do *The Federalist*; e Matthew Peterson, do *The American Mind*.

De modo especial, agradeço à minha família – meu heroico marido, Adam, e nossos queridos filhos Abby, Jack, Campion, Caroline, Vivienne e Vera –, que se sacrificou e apoiou esta empreitada com imenso amor e paciência.

Introdução

A batalha que assola nossa nação no que diz respeito às palavras e seus sentidos é travada dramaticamente a cada primavera num rico subúrbio a oeste de Boston. Segundo o *New York Times*, o Wellesley College realiza, ao fim do ano letivo, uma festa de formatura durante a qual alunos, professores e convidados se reúnem para cantar "America, the Beautiful".[1] Recentemente, quando o público chegou ao verso que diz: "E coroou teus bens com...", pais e convidados estavam prestes a completá-lo com *fraternidade*,[2] palavra que, em sua origem, haveria de incluir também as mulheres. As mulheres de Wellesley, no entanto, adotaram nas últimas décadas o costume de entoar, abruptamente, *sisterhood*,[3] abafando a palavra que lhes parece excluir opressivamente e substituindo-a por uma exigência de reconhecimento. A jornalista Ruth Padawer escreve: "Trata-se de um momento iniciático dos mais poderosos, ao qual todos os anos se seguem vivas, aplausos e lágrimas. Nasce da onda de solidariedade às mulheres e da emoção de declarar, numa das canções mais famosas do país, que as mulheres são importantes – mesmo que o mundo em que estão prestes a entrar nem sempre concorde com isso."

Padawer prossegue dizendo que, nos últimos anos, alguns graduados decidiram substituir essa palavra mais uma vez, uma vez que concluíram que *sisterhood*, embora se tra-

---

1 Canção patriótica norte-americana, por vezes entoada em eventos sociais, à maneira de um hino. (NT)

2 No original, *Brotherhood*, que deriva de *brother*, isto é, "irmão". Fraternidade, igualmente, vem de *frater*: irmão em latim. (NT)

3 Trocadilho intraduzível com *brotherhood*, trocando *brother* (ver nota acima) por *sister* (irmã). (NT)

te de uma alteração bem-intencionada, ainda é excludente. Em vez disso, optam por *siblinghood*.[4] Padawer continua: "Alguns homens trans consideram isso insuficiente e, nesse momento, bradam a palavra que melhor os representa: *brotherhood* – não como uma generalização sexista para a humanidade inteira, mas como o apelo de uma pequena minoria que luta para ser reconhecida."

Na que talvez seja a descrição mais reveladora do evento, Padawer escreve: "Na verdade, é difícil distinguir, em meio à cacofonia, cada uma das palavras que se gritam umas sobre as outras. O que está claro é que qualquer palavra que se esteja berrando é imensamente significativa como proclamação da existência, mesmo que seja difícil entender o que os outros estão a dizer."[5]

Longe de ser um mero ativismo cerimonial de fim de ano, esse tipo de drama em Wellesley é comum no *campus* historicamente feminino. Num outono recente, uma caloura passou a solicitar que se utilizassem pronomes masculinos ao referir-se a ela, apesar de ter se matriculado como mulher e de ser, de fato, mulher. Ela agora se identifica como "de gênero *queer*, no quadrante masculino do centro". Isso não foi particularmente chocante para suas colegas, pois havia outras alunas transgênero ali. Timothy (como ela pedia para ser chamada) foi facilmente atendida e respaldada pela cultura universitária de extrema esquerda. O problema surgiu quando decidiu concorrer a certo cargo de liderança estudantil: o de coordenador(a) de assuntos multiculturais. A missão consistiria em promover uma "cultura de diversidade" no *campus*. As alunas, embora em geral fossem amigas de Timothy, começaram a contrapor-lhe o fato de que ela, como "homem branco", não representava a diversidade exigida por esse papel. As

---

[4] *Sibling* é o substantivo sem gênero que se aplica tanto a irmãos quanto a irmãs. (NT)

[5] Ruth Padawer, "When Women Become Men at Wellesley," New York Times, October 15, 2014, https://www.nytimes.com/2014/10/19/magazine/when-women-become-men-at-wellesley-college.html.

alunas coordenaram uma campanha *online* para rejeitar Timothy com base no entendimento de que ter em posição de liderança um "homem branco" perpetuaria o patriarcado. Quando questionada sobre como se sentia, Timothy confessou sentir-se em conflito. Acreditava ser uma minoria como estudante trans, mas também sabia que o patriarcado estava vivo e forte, e não queria ajudar a perpetuar a opressão.

A importância da linguagem no pensamento popular pode ser tanto exagerada quanto subestimada. As palavras hoje são consideradas atos de violência e, no entanto, suficientemente maleáveis para que as possamos manipular a serviço de nossa agenda preferida. De qualquer forma, trata-se de uma espécie de arma – podendo ferir nosso nebuloso senso de identidade ou, numa espécie de disparo revolucionário, proclamar nossa existência contra um mundo antagônico. Cada um de nós é o governante de sua própria realidade constitutiva – desconfiado, mas carente; frágil, mas temperamental.

Um colapso na compreensão comum das palavras leva a uma sociedade caótica e frustrada, em que a comunicabilidade inevitavelmente se perde sob a tirania da desconfiança. Passamos a duvidar não apenas uns dos outros, mas de nós mesmos e de nossa capacidade de compreender a realidade. Em vez de um povo falível que esforça-se imperfeitamente em busca de um bem comum harmonioso, tornamo-nos uma cacofonia gritando por reconhecimento dentro de um abismo, movendo-se sem destino pelo mundo.

Em seu livro *The Beginning of Wisdom*, Leon Kass escreve sobre o colapso da linguagem na Torre de Babel. "E, visto que a linguagem também revela o mundo interior dos falantes, compartilhar um idioma significa também compartilhar uma vida interior, na qual palavras simples transmitem com precisão as mesmas imaginações, paixões e desejos de cada ser humano. Ser 'de uma só língua' é ter um só pensamento e um só desejo a respeito das coisas mais fundamentais."[6]

Quando a linguagem que compartilhamos é danificada, perdemos não apenas sua utilidade, que nos permite comunicar fatos básicos sobre as realidades práticas da vida cotidiana, mas também a possibilidade de que nossa vida cotidiana e nossa vida interior apontem para qualquer sentido comum e universal.

Não são precisos muitos argumentos para que se veja que essa crise de sentido afeta nossa sociedade não apenas nas formas ou meios de comunicação, mas também nos seus fins e propósitos. Cada vez mais, essa crise não apenas ameaça o relacionamento entre cristãos e secularistas, mas também fratura as comunidades cristãs por dentro. A vida comunitária cristã depende da vida interior de cada fiel. Ao desorientar nossa vida oculta, fraturamos exponencialmente nossa vida comunitária.

Não somos capazes de construir torre alguma, ainda que não se trate de um empreendimento arrogante e condenado; e não o podemos porque estamos discutindo a respeito dos blocos da construção. Note-se como alteramos drasticamente o significado e o uso de palavras simples, como *amor*, *ódio*, *homem*, *mulher* e *casamento*. Note-se o novo vocabulário que introduzimos em nossa psique cultural: palavras como *privilégio branco*, *interseccionalidade*, *cisgênero*, *heteronormatividade* e *posicionalidade*. Esses conceitos não apenas surgiram repentinamente em todos os lugares, mas cada vez mais é preciso conformar-se a seu uso adequado.

Não são, porém, apenas os blocos de construção que não servem mais; o propósito do projeto foi totalmente obscurecido. Sobre isso, George Orwell escreve:

> Ora, claro está que o declínio de uma língua deve ter, em última análise, causas políticas e econômicas: é um fenômeno que

---

[6] Leon Kass, *The Beginning of Wisdom*, University of Chicago Press, 2006, p. 223.

> não se deve simplesmente à má influência deste ou daquele escritor individual. Mas um efeito pode se tornar uma causa, reforçando a causa original e produzindo o mesmo efeito de forma intensificada, e assim por diante, indefinidamente. Um homem pode começar a beber porque se sente um fracasso e, então, fracassar ainda mais completamente porque bebe. É mais ou menos a mesma coisa que está acontecendo com a língua inglesa: ela está se tornando feia e imprecisa porque nossos pensamentos são tolos, mas o desleixo com a linguagem favorece o emburrecimento das nossas ideias. O que importa é que o processo é reversível.[7]

Longe de uma guerra cultural rabugenta, esta é uma tentativa de revolucionar a forma como vemos o mundo dentro e ao redor de nós, bem como o significado imbuído nessas realidades. Uma vez que deixamos de ver nas palavras o poder de revelar a realidade, elas são reduzidas a reflexos não da realidade, mas de nós mesmos. Em vez de uma ponte de comunicação, ficamos com uma escada para lugar nenhum, pois as palavras se tornam totalmente ininteligíveis.

Amor e verdade

O próprio conceito de verdade é vítima dessa manipulação linguística. Há certa tendência, fácil de seguir, que consiste em apresentar a verdade e o amor como inimigos. Embora essa seja uma falsa dicotomia, não é difícil imaginar os muitos exemplos práticos em que uma advertência insípida como "é melhor ser gentil do que ter razão" pode ser realmente útil. Quando uma mulher pergunta ao marido como ela está, a verdade material pode ser que ela pareça cansada, mais velha, que ganhou algum peso, ou que esteja usando uma cor que não lhe favorece. Essas coisas não devem ser ditas; e, portanto, ao objetar e dizer que ela está bonita, o marido de certa forma está preferindo o amor à

---

[7] George Orwell, "Politics and the English Language", acessado em 10 de junho de 2020: <https://www.orwell.ru/library/essays/politics/english/e_polit>.

verdade. No entanto, de maneira mais profunda, está expressando também uma verdade mais completa: a de que a beleza dela não se limita a um exame físico ou científico de seus atributos corporais, nem ao valor estético de seu traje, mas que existe uma maneira pela qual a percepção da beleza alheia leva em consideração sua totalidade como pessoa. O espírito ou alma do indivíduo se manifesta nele até mesmo fisicamente: a sabedoria, em seus olhos; a leveza, em sua expressão; o corpo, que carrega as marcas de sua vida e amor.

A dicotomia que opõe o amor à verdade também é comumente usada para evitar ou retardar realidades difíceis, num esforço para poupar os sentimentos alheios. Podemos facilmente imaginar quão defensável, em certas circunstâncias, é este conselho. Mesmo se estiver correto, um cristão não deve repreender pedantemente ao apontar erros nas ideias ou ações dos outros. Talvez até esteja dizendo algo verdadeiro, mas o faz de modo imprudente e sem amor. Além disso, uma sociedade há muito acostumada a observar as sombras na parede da caverna deve ser conduzida gradualmente, mas resolutamente, até à luz. São Paulo fala disso: "Eu vos dei leite a beber, e não alimento sólido que ainda não podíeis suportar" (1 Cor 3, 2). A verdade deve ser temperada com a prudência e a caridade.

Se qualquer um desses exemplos esgotasse o sentido da advertência de que é melhor ser gentil do que certo, então este seria um conselho bom e até útil. Mas a insistência em censurar verdades duras sob o disfarce de bondade foi muito além de conter a repreensão ou salvaguardar um casamento. Em vez disso, o que muitas vezes se pretende é a eliminação absoluta de tais ensinamentos.

O que não deve ser dito logo se torna o que *não pode* ser dito, seja pela força da lei ou pela demagogia do politicamente correto. Sob a aparência do amor, a verdade é logo abandonada por completo. A fraqueza da maioria dos cristãos hoje não está em que sejamos muito estridentes, mas muito covardes.

"O mundo moderno está cheio das velhas virtudes cristãs enlouquecidas", escreve Chesterton. "As virtudes enlouqueceram porque se isolaram e passaram a vagar sozinhas. Assim, alguns cientistas se preocupam com a verdade, e sua verdade é impiedosa. Alguns humanitários só se importam com a piedade, e (lamento dizer) sua piedade muitas vezes é falsa."[8] Isoladas umas das outras, cada virtude deixa de ser o que é.

A palavra

Embora a verdade veja-se agora comumente subjugada sob o pretexto da compaixão ou do risco de constrangimento social, para o cristão essa dicotomia não pode existir. Ao perder o vocabulário moral, perdemos a capacidade de nomear o que nos fere. Ao concordar com essas categorias que procuram colocar o amor contra a verdade, os cristãos perdem a compreensão não apenas de como devemos viver, mas também do *porquê* devemos viver.

A capacidade de falar a verdade está intimamente ligada à liberdade para levar vidas dotadas de sentido. Quando um aluno é conduzido ao diretor da escola de meus filhos por causa de algum mau comportamento, ele às vezes pede ao estudante que lhe conte a história de Rumpelstiltskin. Nela, uma princesa faz um acordo desesperado com uma criatura sem nome que viera em seu auxílio. Em troca de parte de seu poder mágico de transformar fios em ouro, ela deve dar a ele seu futuro primogênito. Sua única chance de escapar desse pacto é descobrir o nome da criatura. Ao pensar sobre esta história, o aluno aprende a lição de que devemos olhar com sinceridade para nós mesmos e nossa situação, aprendendo a expressá-la com palavras. Para nos livrarmos de qualquer coisa, é preciso chamá-la pelo nome.

---

8 G. K. Chesterton, *Orthodoxy*, Dover Publications, 2004, p. 22.

"O inominável é muito mais aterrorizante do que o nominável", diz Jordan Peterson.[9]

Este livro é uma tentativa de chamar pelo nome aquilo que vem nos envenenando. Para isso, temos de entender a história, as premissas e as táticas da ideologia *woke*, que é fundamentalmente uma ideologia de ruptura. O termo *woke* refere-se ao estado de vigilância e consciência quanto às camadas da opressão generalizada na sociedade. Embora o termo tenha se originado especificamente em relação ao racismo, logo passou a incluir todas as áreas geralmente consideradas campos de opressão social: gênero, raça e sexualidade. Atos específicos de injustiça são utilizados a fim de servir ao objetivo maior de promover uma ideologia que enxerga, em toda interação humana, uma disputa de poder. No movimento *woke*, a evolução é medida pelo grau de ruptura. Na verdade, trata-se de uma ideologia com características fundamentalistas, e até mesmo de seita, que está em rota de colisão com o cristianismo.

Não se trata de uma ideologia simplesmente destrutiva; ela é incoerente. É uma guerra de palavras contra a Palavra. É uma revolução que exalta a vontade acima da razão, o grupo acima da pessoa e o poder humano acima de qualquer autoridade superior. O que é rejeitado – a razão, a pessoa e a autoridade – são as três características do próprio *Logos*. O *Logos* é a *mente* de Deus, comunicada na *pessoa* de Jesus Cristo, que é o autor de tudo e goza de *autoridade* sobre todos. Seja explicitamente ou não, Ele é o alvo final da revolta *woke*.

Esta é uma revolta que se manifesta de várias maneiras em todas as épocas e que São João mesmo conheceu em seu tempo. "No princípio era o Verbo, e o Verbo estava junto de Deus e o Verbo era Deus. Ele estava no princípio junto de Deus. Tudo foi feito por ele, e sem ele nada foi feito" (Jo 1, 1-3). "E o Verbo se fez carne." Deus, o *Logos*, a Palavra, é o próprio

---

[9] Jordan Peterson, "Regra 10: fale com precisão", de uma entrevista a *The Rubin Report* transmitida ao vivo em 1º de novembro de 2017. Disponível em: <https://www.youtube.com/watch?v=d3ktWt8r5Eg>.

Ser. Ele é o "Eu sou". Enquanto a natureza própria de Deus é ordenada, unitiva e fecunda, o espírito desse contramovimento é de fato, em sua essência, da natureza diabólica: caótico, divisor, estéril.

Embora a ideologia *woke* se manifeste como uma luta benevolente por justiça, na verdade ela está longe de sê-lo. Ela nos seduz pelo recurso aos nossos melhores sentimentos e depois substitui princípios inteligíveis por outros distorcidos, causando incoerência e caos. E se, sob o pretexto de erradicar a intolerância, nós a tivermos entrincheirado? E se, tentando coexistir, nos tivermos isolado em tribos inimigas? E se introduzimos, onde antes havia amizade cívica, o ressentimento e a divisão? E se, tendo sabotado a fonte da autoridade, nos condenamos a uma luta interminável pelo poder?

Embora seja fácil descartar o movimento *woke* por se tratar de algo à margem ou "extrínseco", essa atitude seria pouco sagaz. Somos chamados a nos envolver com o mundo em que nos encontramos. Desconsiderar um fenômeno crescente que afeta e diz respeito a pessoas reais é fugir desse dever de envolvimento. A caridade exige que façamos um esforço verdadeiro para compreender, em vez de simplesmente desprezar, os atingidos por essa ideologia. As pessoas estão em busca de sentido para a vida e de respostas para questões humanas, como *por que estamos aqui* e *como devemos viver*. Se não fornecermos essas respostas de maneira convincente, elas não aceitarão ficar sem resposta; antes, serão respondidas com meias-verdades distorcidas que prometem, embora não o possam de fato, trazer soluções reais.

Na arrogância com que tentamos erguer uma torre utópica, trabalhamos em vão, tendo-nos isolado dos meios e dos fins. Com o caos moral nascido de uma maior libertação, veio o cárcere da barganha. Em vez do balé de uma liberdade verdadeira, nascida da disciplina, temos contratos nascidos da vulnerabilidade e da suspeita. "Pois o socialismo não diz respeito apenas à questão do trabalho... Diz, antes de tudo, respeito à questão do ateísmo, da encarnação atual do ateísmo, da torre de Babel construída sem Deus:

não para que se suba da terra ao céu, mas para fazer baixar o céu até a terra."[10]

A ideologia *woke* penetrou, rastejando e deixando um rastro venenoso, nas células de um corpo de pessoas incautas. Ela corrompe o cristianismo ao transformá-lo numa religião sem justiça, sem misericórdia e, finalmente, sem Cristo. O que está em jogo não poderia ser mais importante do que já é. Comecemos pelos nomes.

---

10 Fiódor Dostoiévski, *The Brothers Karamazov* [Os Irmãos Karamazov], Farrar, Straus & Giroux, 2002, p. 26.

PARTE I
Origens

1
Sereis como deuses

> "Dois amores criaram duas cidades. A cidade terrena foi criada pelo amor-próprio, que chegara ao desprezo de Deus. A cidade celestial, pelo amor de Deus levado até o desprezo de si mesmo."[1]

Quando escreveu *Cidade de Deus*, Santo Agostinho sabia bem o que era ser cidadão da Cidade dos Homens. Sua vida tivera sombras e luzes: conhecera um abismo de pecado, e por meio desse conhecimento encontrou a inefável misericórdia de um Salvador. Seu retorno a Deus, depois de ter se acorrentado ao pecado, encontrou um impulso definitivo quando, sentado debaixo de uma figueira, ele ouviu a voz de uma criança a dizer: "Toma e lê." Agostinho abriu a Sagrada Escritura e leu: "A noite vai adiantada, e o dia vem chegando. Despojemo-nos das obras das trevas e vistamo-nos das armas da luz" (Rm 13, 12).

Nove meses depois, ele foi batizado. Sobre sua conversão, escreveu: "Todos os meus sonhos vazios perderam repentinamente seu encanto, e meu coração começou a palpitar com uma paixão desconcertante pela sabedoria da verdade eterna."[2] Sua vida e seus escritos têm sido estudados, meditados e comentados há séculos – não apenas por causa de sua maestria como escritor, mas também devido à relevância duradoura de seus temas profundamente humanos e distintamente sobrenaturais, como o pecado, a luta e a

---

[1] Santo Agostinho, *Cidade de Deus*, XIV, 28.
[2] Santo Agostinho, *Confissões*, III, 4.

redenção. Essas preocupações não são exclusivas dele, mas se manifestam na vida de cada pessoa decaída.

Em relação a Santo Agostinho, a seu pecado e sua luta, diz certa celebridade *woke*, a pastora luterana Nadia Bolz-Weber: "A respeito de suas ideias sobre sexo e gênero, ele basicamente defecou, e a Igreja envolveu o resultado em âmbar."[3] Em seu último livro, *Shameless*, Bolz-Weber clama por uma revolução sexual cristã do sexo, do gênero, do transgenerismo e do feminismo. Segundo ela, é inútil, e até mesmo contrário à vontade de Deus, o esforço por negar o prazer sexual em toda e qualquer circunstância, exceto nas mais extremas.

Essa crença se cristalizou (ou envolveu-se em âmbar) para Bolz-Weber quando, após se separar de um marido com quem não encontrava satisfação sexual suficiente, começou a ter, com um antigo namorado, o sexo gratificante que buscava. Ela não estava debaixo de uma figueira e não ouviu nenhuma voz angelical, mas experimentou o que descreve como um novo despertar. "Foi como um esfoliante."[4] Por meio dessa experiência, ficou claro para ela que os cristãos precisavam reconstruir sua arquitetura moral em torno da sexualidade. Bolz-Weber pratica o que prega; quando seu filho de dezesseis anos lhe veio dizer que estava num relacionamento com outro menino, ela reagiu dando a ele um pacote de preservativos.

Nadia Bolz-Weber pode parecer um exemplo extremo da influência da cultura *woke* no cristianismo. Mas, embora o número de cristãos alistados nessas fileiras seja pequeno, a adoção de agendas seculares politicamente corretas proporcionou-lhe uma grande plataforma. *Shameless* figurou como *best-seller* na lista do *New York Times*, tendo recebido respaldo de uma figura cristã já falecida, mas relativamente mais popular: Rachel Held-Evans. O teto para sua radical

---

[3] Eliza Griswold, "The Lutheran Pastor Calling for a Sexual Reformation", *The New Yorker*, 8 de fevereiro de 2019: <https://www.newyorker.com/news/on-religion/the-lutheran-pastor-calling-for-a-sexual-reformation>.

[4] Veja-se a nota 15.

apresentação de um cristianismo esclarecido pode ser baixo, mas a quantidade de mensagens igualmente insidiosas apresentadas sob formas menos ousadas vem crescendo. De fato, protestos *woke* têm se espalhado com maior frequência por várias faculdades católicas e protestantes.

Grande parte do cristianismo *woke* se apresenta como uma reação aos males do cristianismo tradicional. Diz-se dele que há hipocrisia, rudeza e escândalo... E, portanto, a solução há de ser sua transformação numa fé que se define por sua reação e rejeição a essas coisas – torná-lo, portanto, um cristianismo mais gentil e doce, amigo do mundo, em vez de uma objeção a ele.

É inegável que muitos, e por muito tempo, cresceram sob um testemunho pálido e empobrecido da riqueza do cristianismo. Não é novidade nenhuma esse panorama de pessoas imperfeitas, de fé fraca, dotadas de uma compreensão limitada e um amor pequeno, que acabam por tornar-se escândalo para a fé. Na verdade, a maioria de nós, em momentos diferentes, pode ser descrita precisamente dessa maneira. Talvez tragamos conosco um cristianismo orgulhoso, duro ou hostil porque somos orgulhosos, duros ou hostis.

Além disso, durante bastante tempo, muitas pessoas sofreram com exposições da fé que não eram apenas fracas, mas também perversas. Abusos acontecem em todos os segmentos da sociedade, mas há algo exponencialmente destrutivo quando ele vem disfarçado de cristianismo.

Todavia, se a infidelidade a Cristo nos fez sofrer, a solução não há de ser outro tipo de infidelidade a Ele. O que se necessita é de mais santidade, e não menos. Uma religião que identifica muito estreitamente a felicidade com a realização dos desejos não poderá conceber nada por que valha a pena sofrer. Um cristianismo que desvie os olhos da ubiquidade do pecado não sentirá a necessidade de uma abundância de graça.

O Papa Emérito Bento XVI falou sobre isso antes de seu papado, num discurso radiofônico em 1969:

> O futuro da Igreja, mais uma vez e como sempre, será redesenhado pelos santos, isto é, pelos homens cujas mentes enxergam além dos *slogans* do dia e que veem mais do que os outros veem, uma vez que suas vidas abrangem uma realidade mais ampla. O altruísmo, que torna os homens livres, só é alcançado por meio da paciência nos pequenos atos diários de abnegação. Por meio desta paixão diária, que por si só revela ao homem de quantas maneiras seu próprio ego o escraviza, por meio desta paixão diária e somente por meio dela, os olhos do homem pouco a pouco se abrem. Ele só é capaz de ver na medida em que viveu e sofreu. Se hoje quase não conseguimos mais nos conscientizar de Deus, é porque nos é excessivamente fácil fugir de nós mesmos, fugir das profundezas de nosso ser, por meio do narcótico de um prazer ou outro. Assim, nossas próprias profundezas interiores permanecem fechadas para nós.[5]

Nós ficamos cegos a este grande drama, tornamo-nos alheios à nossa pobreza espiritual. Ignorando nossas reais necessidades, nossas soluções parecem meramente sentimentais. E aí reside a incoerência fundamental do cristianismo *woke*: ao procurar oferecer ao mundo um verniz de compaixão, ele rouba a misericórdia desse mundo. Tornamo-nos, como disse o cardeal George, um mundo que permite tudo e não perdoa nada; um mundo ao qual falta não apenas misericórdia, mas também Cristo.

A luta

Embora a ideia de confinar a ideologia *woke* ao âmbito da política partidária seja tentadora, a crise que enfrentamos vai muito além. Trata-se de uma luta espiritual e religiosa com origens que remontam à persuasão de certa serpente num certo jardim, no qual dizia à primeira mulher: "Sereis como deuses." Esta é a propaganda por trás de toda tentação ao

---

[5] Billy Ryan, "The Lost Prophecy of Father Joseph Ratzinger on the Future of the Church", *uCatholic*, 24 de julho de 2017: <https://ucatholic.com/blog/the-lost-prophecy-of-father--joseph-ratzingeron-the-future-of-the-church/>.

pecado: a de que podemos, ao trocar nosso maior bem por vários bens menores, nos tornar autônomos, autodeterminados, poderosos. E, vez após vez, a história e nossas buscas pessoais nos recordam de que basta cair nessa promessa para que sua falsidade se manifeste. Em vez de poderosos, autônomos e autodeterminados, vemo-nos diminuídos, caóticos e escravos do ego e dos impulsos. Ficamos enfraquecidos.

Essa é uma verdade antiga e sempre nova. Trata-se de uma luta da qual nesta vida não se pode escapar. Contudo, algo mudou em nossa compreensão da batalha, e essa mudança se tornou difundida e barulhenta: deixamos de ver o combate como um esforço que trará benefícios. Cada vez mais, *identificamos nosso bem com o nosso desejo*. Ouvimos com desconfiança menções ao pecado, ao mal e ao inferno. Essas palavras apontam para algo "externo" ou de muito tempo atrás – se é que ainda significam alguma coisa.

Cada vez mais concebemos Deus como cada vez menos – até que Ele se torna quase uma extensão de nós mesmos ou um ente terapêutico que só serve para nos confortar e ratificar. "Importa que ele diminua e que eu cresça"[6] é o mantra moderno.

Alcançar a virtude é um tanto difícil; porém, quando ela deixa de ser vista como algo que vale a pena tentar, alcançá-las se torna uma impossibilidade. A luta por fazer o bem é anterior ao cristianismo, e sua forma antiga mais sintetizada figura nos escritos de Aristóteles, para quem ser um animal racional e levar uma vida plenamente humana é ter como hábito a prática do bem. Esse hábito nos ensina a desfrutarmos o autodomínio e a liberdade que acompanham a virtude. No entanto, enquanto vivermos, sempre haverá um impulso para se deixar levar água abaixo.

São Paulo fala da luta: "Sinto, porém, nos meus membros outra Lei, que luta contra a Lei do meu espírito e me prende à Lei do pecado, que está nos meus membros" (Rm 7, 23).

---

6 Veja-se Jo 3, 30.

Mas, para nós, a luta ocorre em outro ringue: externa, e não mais internamente. Alexander Soljenítsin foi um homem que conheceu as profundezas do mal, tendo suportado oito anos preso num campo de trabalho pelo crime de ter criticado o comunismo. Ainda assim, escreveu no *Arquipélago Gulag*: "Se ao menos fosse tudo tão simples! Se ao menos houvesse em algum lugar pessoas más come-tendo insidiosamente ações más, bastando apenas separá-las do resto de nós e destruí-las... Mas a linha que divide o bem e o mal atravessa o coração de cada ser humano."

Duas cidades

Embora suas raízes e sua história sejam ateias, a ideologia *woke* apresenta a forma e as características de uma religião fundamentalista: tem dogmas e acusações; substitui a luta contra o pecado pela luta social; incorpora uma visão messiânica; apregoa dogmas inquestionáveis. Mas, em vez de um destino eterno, situa e administra a salvação e a condenação *neste* mundo. Ao cooptar a cultura, esta ideologia está cooptando os cristãos, mas faz isso de modo parasitário. O cristianismo *woke*, se é que se pode dizer que algo assim existe, inevitavelmente rejeitará Cristo por completo, exceto no discurso.

Montou-se o palco para uma colisão entre o falso "Deus-eu" e o único Deus verdadeiro. Em princípio, a ideologia *woke* estabelece uma encarnação moderna da Cidade dos Homens – não porque a política seja errada, mas porque não permite nada além da política. Ela afasta qualquer visão da cidade eterna e, em vez disso, reduz o mundo a uma mansão decrépita.

As duas cidades não têm uma fronteira visível; seus territórios, nesta vida, sempre se confundem. Cada cidade – a de Deus e a do homem – é erigida sobre doutrinas, dogmas, ritos, códigos e zelo evangélico. Os cidadãos de ambas podem ser afáveis ou cruéis e podem se mudar de uma cidade para a outra. Mas, enquanto uma direciona seus cidadãos para a eternidade e a glória de Deus, a outra busca apenas os bens deste mundo e a própria glória.

Por mais que fujamos dela, a morte não é um *se*, mas um *quando*. E os novíssimos – a morte, o juízo, o céu ou o inferno – com os quais nos deparamos ao abrir os olhos do outro lado dizem respeito a coisas que não são momentâneas, mas da eternidade.

Contorcendo-se e debatendo-se contra esta esperança da bem-aventurança eterna está a mesma serpente, à solta neste circo pós-Éden. Acredita-se que as serpentes possam simbolizar muitas coisas, mas nossa concepção da natureza básica desse réptil permaneceu relativamente inalterada: trata-se de um animal andrógino, tanto fálico quanto feminino. Elas são astutas e vorazes, feitas de intelecto e apetite. Dessa forma, constituem um ícone do que C. S. Lewis chamou de "homens sem peito": criaturas que conhecem o bem, mas não têm por ele amor ou afeição, sendo antes astutos e autoindulgentes.

Leon Kass, em sua análise do Gênesis, diz que a serpente é uma "corporificação da voz isolada e sedutora da razão humana autônoma, a qual fala contra a inocência e a obediência e chega até nós, como de alguma força atrativa externa, a fim de sussurrar dúvidas aos nossos ouvidos. Em suas travessuras racionalistas, a única arma da serpente é a fala".[7]

No jardim, bem como na vida de cada um de nós, a serpente nos diz, sussurrando, que podemos ser como deuses. Ela não se aproxima de nós nos pedindo, logo de início, que nos prostremos e a adoremos; nem atrai Eva a si ofendendo explicitamente a Deus. Ao contrário, insinua que Deus é menor – apenas mais um entre muitos bens – e que não deve ser preferido acima de tudo. A serpente é astuta.

Lewis sabiamente percebeu o significado e a importância dos homens com peito. "Pode-se até dizer que é por esse elemento médio que o homem é homem: pois, por seu

---

[7] Leon Kass, *The Beginning of Wisdom*, p. 82.

intelecto, é mero espírito; e, por seu apetite, mero animal."[8] Lewis ensina que é por meio de afetos condicionados que nos deliciamos com o que agrada a Deus e desprezamos o que nos separa dEle. É o peito – o coração – que fornece o tecido conectivo entre os outros dois órgãos, a mente e o estômago (razão e apetite), permitindo-nos não apenas conhecer o bem, mas desejá-lo. É a isso que a história infantil *Madeline* se refere quando explica, com simplicidade, que as crianças sorriam para o bem e franziam a testa para o mal – não, porém, como uma postura, mas a partir de uma verdadeira e ordenada harmonia da alma que chegara a ver e desejar o bem.

Uma crise de sentido

É esse coração do homem que não se sacia com o que a ideologia oferece. Um professor universitário chamado Ian Corbin escreveu sobre um encontro animador, embora anedótico, em que pôde conversar com dois formandos. Eram um homem e uma mulher, ambos ativistas progressistas, e nenhum deles branco.

Os dois compartilhavam de uma frustração específica, talvez o oposto do que se poderia imaginar. Diziam que, em seus anos na faculdade, tinham se sentido limitados por certas normas de fala e pensamento, especialmente em torno de tópicos como gênero, relacionamentos, raça etc. Ambos haviam se sentido pressionados a adotar certas certezas progressistas que ocultavam a textura de uma vida humana real. Eles presumiam que isso se devia a certas particularidades muito estranhas de suas próprias vidas: por exemplo, o idiossincrático desejo de encontrar um marido e ter filhos, bem como a estranheza de notar que mulheres e homens

---

[8] C. S. Lewis, *The Abolition of Man* [A abolição do homem], Collier Books, Macmillan Publishing Company, 1947, p. 34.

são de tal modo diferentes que isso acarretava diferenças na condução de relacionamentos românticos.[9]

Existem militantes verdadeiros, fiéis aos dogmas *woke*. Mas também há um grupo silencioso (embora provavelmente nada pequeno) de pessoas que vêm repetindo um roteiro sem muita convicção, após terem sido discretamente atraídas pelas aparências, pela expectativa de um sentido profundo e pela esperança de satisfazer um anseio não identificado. A repetição *woke* de queixas a respeito de todas as coisas do passado torna-se tediosa e sem vida. Tudo nos aborrece, e ficamos dependentes de uma indignação que é a única emoção acessível. Num carnaval de prazeres, não encontramos uma arquitetura de sentido. Embora se trate de águas rasas, caminhar por elas é tumultuado. As paixões são agudas e exigentes. Não sabendo sofrer bem, sofremos ruidosamente. Estamos nos afogando em poças, quando deveríamos estar aprendendo a nadar em oceanos.

Ao falar sobre isso, Viktor Frankl contrasta a ausência de neurose e pensamentos suicidas entre os prisioneiros de Auschwitz com o crescente fenômeno de ideações suicidas entre adolescentes que vivem confortavelmente na Áustria moderna. "Esses tipos de sociedades existem para satisfazer e gratificar toda e qualquer necessidade humana, exceto uma: a necessidade mais básica e fundamental: a necessidade de sentido."[10] O sofrimento está intimamente ligado ao sentido. A gratificação em série está intimamente ligada ao desespero.

A supressão de sentido é a forma mais profunda de opressão e escravidão que os seres humanos podem exercer uns sobre os outros. Em contraste, o medo de ter nossos desejos reprimidos por um Deus exigente pouco tem a ver com a experiência real de uma amizade profunda com

---

9 Ian Marcus Corbin, "Losing the Class", *The American Mind*, 19 de julho de 2019: <https://americanmind.org/essays/losing-the-class/>.
10 Viktor Frankl, "Viktor Frankl: Youngsters Need Challenges", postado no YouTube pelo canal Noetic Films em 2 de julho de 2019: <https://www.youtube.com/watch?v=ImonPWt-7VOA>.

Cristo. Foi essa amizade que permitiu a São Maximiliano Kolbe, livremente e com alegria, dar sua vida por outro prisioneiro em Auschwitz. Foi essa amizade que permitiu ao Cardeal Vân Thuận, preso em confinamento solitário pelo regime comunista, ver na prisão a sua catedral e levar os guardas que o vigiavam até o ponto da conversão à fé. Essa amizade é profundamente libertadora – não com a escassa liberdade da licenciosidade, mas com a verdadeira liberdade de quem pertence a uma família eterna.

Embora a cultura *woke*, em muitos aspectos, seja fruto de uma época decadente, sempre existe o risco de que os tropeços da decadência sejam afastados em razão de guerras, pandemias, convulsões sociais ou desastres naturais. Algo ocupará o vazio aberto, seja um profundo resgate religioso de sentido, seja algo mais sinistro que venha a ser apresentado como solução. A tensão entre essas duas opções é uma batalha que se dá tanto nas sociedades quanto no coração de cada um.

A promessa de que podemos nos separar do Todo-poderoso e não ter mestre nenhum foi refutada várias vezes, mas ainda é semeada e plantada nas novas gerações, sendo a cultura *woke* sua manifestação atual. Como disse Bob Dylan: "Você tem de servir a alguém." Na Cidade dos Homens, ausente a verdadeira autoridade, um tirano-mestre sempre surge para conquistar o poder.

2
O caminho até Frankfurt

Dois tipos de pessoas costumam ser vistas sob o guarda-chuva da ideologia *woke*: as bem-intencionadas, que buscam justiça, mas não entendem os objetivos reais do movimento; e os verdadeiros fiéis-militantes. Embora os militantes sejam em menor número, eles dirigem o movimento de diversas maneiras e são os que estão dispostos a agir conforme a violenta lógica interna da ideologia.

Para entender essa lógica, precisamos conhecer sua história, sobretudo no âmbito da Escola de Frankfurt, centro de pesquisa que começou como um Instituto de Pesquisa Social (adjunto da Universidade Goethe, de Frankfurt) com o objetivo de desenvolver e divulgar o marxismo na Alemanha. A Escola de Frankfurt (como veio a ser conhecida) mudou-se para a cidade de Nova York em 1935, trazendo consigo uma dramática convergência de filosofia marxista, psicologia freudiana, perversão hierárquica e toda sorte de ideias e práticas lúgubres, propostas para a destruição e desmantelamento da cultura ocidental mediante a destruição e desmantelamento da família. Os teóricos sociais e marxistas da Escola de Frankfurt são muitas vezes desprezados; são vistos como gente apenas marginalmente influente, que só existe no mundo distante e insular da esquerda acadêmica, onde seus ditames são esquecidos tão rapidamente quanto são aprendidos. No entanto, essas ideias ficaram profundamente arraigadas não apenas nas universidades, mas também na cultura e na mídia. Como muitos absorveram acriticamente seus dogmas, é essencial que enfrentemos seu significado e história.

Hegel, dialética e consciência

Karl Marx foi um teórico político alemão do século XIX que produziu sua obra na esteira da Revolução Industrial. Ele, junto com muitos de seus contemporâneos, dedicara-se aos escritos do filósofo alemão George Hegel (1770-1831), cujo novo pensamento histórico o cativou. A convergência das filosofias de Hegel e Marx no que diz respeito ao desenvolvimento histórico e ao progresso se tornariam os alicerces da Escola de Frankfurt.

Hegel acreditava que todos os acontecimentos e ideias são expressões do espírito de uma cultura e que, por meio de um processo de tensões e resoluções internas, as sociedades trabalham, ao longo do tempo, em direção a uma consciência cultural elevada e idealizada. As ideias interagem umas com as outras e evoluem, não aleatoriamente, mas em direção a um objetivo: a completa autodeterminação ou autorrealização cultural, por meio do desenvolvimento da mente e da compreensão. O processo pelo qual ocorre esse desenvolvimento em direção a um estado ideal é o que Hegel chamou de dialética.

A dialética assentou os alicerces da compreensão progressista da história, segundo a qual, por meio de uma série de conflitos e resoluções, as sociedades progridem em direção a uma condição mais perfeita. Foi nessa estrutura dialética que Marx encontrou as bases para justificar e promover uma ruptura total com o passado e as sementes de uma transformação revolucionária do futuro.

De acordo com a dialética hegeliana, dentro de cada sociedade e em qualquer momento existe um *status quo*, isto é, uma normatização das circunstâncias e do pensamento que tendemos a aceitar como produtos de nosso tempo. Esse *status quo* é o que Hegel chamou de tese (as coisas como elas são). Embora o *status quo* possa parecer relativamente harmonioso, esse estágio sempre apresenta elementos internos conflitantes. São sementes que o levarão a desfazer-se à medida que os conflitos internos forem percebidos pela consciência individual. A etapa seguinte consiste numa conscientização crescente e em certa agitação a respeito do conflito interno no *status quo*, que por fim leva a uma revolta contra a tese. Esta fase é chamada de antítese (o interesse conflitante). A terceira etapa é a síntese: o resultado do conflito entre a tese e a antítese torna-se a nova ordem das coisas. A síntese terá seus conflitos internos, e assim ela se torna a nova tese, e o processo se repete. Um tirano pode governar um Estado (tese) até que aqueles sob seu domínio percebam sua opressão e se revoltem (antítese). Eles então obtêm algum grau de liberdade (síntese) e iniciam o próximo *status quo* (tese).

Hegel usou a Revolução Francesa como exemplo. Primeiro surgiu, contra a monarquia francesa, uma revolta que, durante o período do Terror, incluiu massacres e execuções públicas numa exacerbação de ódio revolucionário. Após o Terror, ergueu-se uma sociedade constitucional que aparentemente valorizava mais os direitos dos cidadãos individuais. Cada estágio desempenha um papel necessário no progresso da história, ratificando quaisquer meios violentos para sua condução. Guilhotinas, terror e derramamento de sangue inocente se justificam pelo progresso da história; a transformação social da consciência faz da coletividade um deus.[1]

Teoria do conflito

Quando jovem, Karl Marx tornou-se defensor e apóstolo do hegelianismo. Marx utilizou-se da estrutura dialética a

---
1 Citado em paráfrase por Robert C. Tucker, *Philosophy and Myth in Karl Marx*, Cambridge, Cambridge University Press, 1961, p. 39.

fim de incitar a consciência social em direção à crítica e a uma crise sem fim – o que ele chamou de teoria do conflito. No entanto, Marx fez uma mudança importante. Hegel, tendo já rejeitado a noção de um Deus judaico-cristão, concebia, na dialética, um direcionamento ao que ele denominou *Geist*, palavra que pode ser traduzida como "mente" ou "espírito", sendo o *Zeitgeist* uma espécie de espírito cultural ou consciência cultural. Por outro lado, Marx assumiu uma concepção materialista da história. Em vez da perfeição de um espírito social, ele enxergava a utopia em termos puramente econômicos. Marx não defendia o materialismo; antes, ele o tomava como uma obviedade. Esse pressuposto reforçou sua absoluta rejeição da verdade moral e do conceito de mal intrínseco.

Na Europa industrializada de meados do século XIX, a nobreza e a aristocracia estavam no comando. Marx e outros jovens hegelianos viam a economia como o principal motivador de toda ação humana e a história da atividade humana como uma mera história do poder e da dominação segundo a luta de classes. A classe dominante, ou burguesia, tem controle, ao contrário da classe trabalhadora ou proletariado; e daí nascem os conflitos internos. Marx via o fato da disparidade econômica como prova da opressão humana. No método dialético, a tensão entre a classe dominante e a classe trabalhadora levaria inevitavelmente à revolução dos pobres contra os ricos. Se a injustiça social é a causa do sofrimento, a justiça social deve ser a solução. Por meio da luta de classes, Marx acreditava que a sociedade pode ser forçada a mudar e lograr uma utopia econômica materialista.

O ópio das massas

Marx apregoava que a classe dominante, embora aparentemente seja o menos compelido dos dois grupos, também depende do proletariado. A classe dominante precisa da classe trabalhadora para produzir bens, assim como para comprar o que os dominantes têm para vender. A classe explorada deveria, portanto, ter meios suficientes para pagar por pequenos confortos e diversões. Isso ajuda a manter o *status quo* econômico com a classe dominante e permite que a subclasse tenha apenas o suficiente para ignorar a própria miséria, aplacando qualquer necessidade de uma revolução proletária que se fizesse sentir.

Além da capacidade de pagar por alguns pequenos confortos, Marx acreditava que a maneira mais eficaz de distrair e apaziguar a classe trabalhadora é a religião, a que ele chamava ópio do povo. A subclasse é atraída pela religião porque ela alivia sua dor nesta vida e lhes dá esperança para a próxima; também encoraja o proletariado a aceitar suas circunstâncias em vez de se rebelar contra elas. Para um devoto trabalhador cristão, a adversidade é, em vez de algo a se combater e rejeitar, parte da vontade de Deus. Além disso, a adversidade e o sofrimento podem ser fatores que enobrecem e santificam. Imbuído de tal propósito, o cristão é levado a encontrar, no conveniente sofrimento de suas circunstâncias, verdadeiro sentido e dignidade, em vez de um obstáculo à sua ventura.

Para Marx, tudo isso funciona em benefício da burguesia. Ela acolhe bem a religião porque esta mantém o proletariado subjugado e em seu devido lugar. O revolucionarismo marxista só germina em meio a uma população ressentida, invejosa e raivosa. O proletariado precisa odiar suas vidas e a burguesia em grau suficiente para se tornar sanguinário.

Sem Deus, acreditava Marx, o homem ficaria fortalecido, livre para moldar sua realidade e se tornar seu próprio deus, "de modo a girar em torno de si mesmo e, portanto, em torno de seu verdadeiro sol. A religião é apenas o sol ilusório que gira em torno do homem enquanto ele não gira em torno de si próprio"[2].

---

2 Karl Marx, *Crítica da filosofia do direito de Hegel* (1844).

Seu próprio sol

Em nível pessoal, Marx certamente viveu como seu próprio sol. Sua poesia era cheia de violência, de destruição e de ilusões demoníacas quanto à possibilidade de usurpar Deus. Em suas cartas, ele escreveu que, assim como o Império Romano fora posto de joelhos pela licenciosidade sexual, o Ocidente também poderia ser arruinado por meio do colapso de todas as restrições sexuais e da abolição da família.[3]

Marx também escreveu extensamente sobre a abolição da herança, pois a considerava (junto com toda propriedade privada) uma forma injusta de privilegiar alguns em detrimento de outros. No entanto, depois de anos esbanjando seu dinheiro, passou a pedir adiantamentos constantes de sua herança à mãe, que prontamente o atendia. Na primeira vez em que ela disse não, ele foi embora e nunca mais a visitou. Sua mulher e filhos viveram durante anos em extrema pobreza; sua esposa implorava para que ele trabalhasse para sustentá-los. Marx, no entanto, via-se como alguém intelectual demais para trabalhar.

Enquanto ele escrevia sobre a necessidade de alimentar os desamparados, a família de Marx experimentava essa situação. Quatro de seus seis filhos morreram antes dele, e suas duas filhas sobreviventes se mataram após terem feito pactos de suicídio com seus maridos, a quem Marx desprezava.

A família recebeu ajuda financeira, passando a viver da herança de um rico comunista prussiano, Friedrich Engels, com quem Marx escreveria o *Manifesto comunista* em 1848. Sobre Engels, Paul Kengor escreve: "Ele era defensor da promiscuidade e, acima de tudo, do facilitamento do divórcio, o qual os regimes comunistas do século XX implementaram com vigor e que gerou taxas de divórcio

---

3 Ralph de Toledano, *Cry Havoc*, p. 35.

enormes, responsáveis por abalar as famílias de um modo até então inaudito."[4]

Ecoando escritos anteriores de Marx, Engels alegou em *A origem da família* que as mulheres deveriam se libertar da opressão de seus maridos entrando nas fábricas e na força de trabalho. Marx e Engels criaram os fundamentos para tornar "patriarcado" um termo pejorativo. O trabalho doméstico deveria ser nacionalizado, afirmavam, e as crianças deveriam ser criadas não pelos pais, mas em comunidade. Além de aumentar o poder do Estado, essas mudanças fariam com que mais mulheres estivessem disponíveis para o sexo, eliminando a necessidade de serem sustentadas por um marido ou a responsabilidade de cuidar dos filhos.

Embora a ampliação do conjunto de mulheres disponíveis fosse uma vantagem pessoal para Engels, era também uma parte fundamental da revolução social. A estrutura familiar ameaçava e repelia a teoria comunista. "A família individual moderna se funda na escravidão aberta ou oculta da esposa [...]. Dentro da família, ele é o burguês, e sua esposa representa o proletariado."[5]

Num mundo sadio, as obras e ideias de Karl Marx teriam sido relegadas às notas de rodapé nos anais da história. No entanto, acabaram por se assemelhar a um câncer recorrente ou a uma doença sexualmente transmissível: perduram em contínua inflamação e são fatais quando não controladas. De todos os textos econômicos disponíveis, seu *Manifesto comunista* é a leitura mais indicada nas faculdades dos Estados Unidos; e está na moda, não sendo nem um pouco incomum, ouvir militantes progressistas se referirem a si mesmos como marxistas, apesar dos milhões de cadáveres que resultaram da implementação de suas ideias.[6] Mesmo

---

4 Paul Kengor, *Takedown*, WND Books, 2015, p. 29.

5 Friedrich Engels, *Origens da família, da propriedade privada e do Estado*, Parte II: A Família.

6 Tom Bemis, "Karl Marx is the most assigned economist in U.S. college classes", *Market Watch*, 31 de janeiro de 2016: <https://www.marketwatch.com/story/communist-manifesto--among-top-three-books-assigned-in-college-2016-01-27>.

onde não há referência explícita a ela, a ideologia marxista anima e fortalece seus descendentes no movimento *woke*. No próximo capítulo, veremos como ela foi reembalada e reinventada para o consumo do Ocidente, sendo mantidos os fundamentos perniciosos de sua ideologia, cujos frutos podres se tornaram impossíveis de ignorar.

3
A caminho da América

Marx acreditava na inevitabilidade da revolução, mas os marxistas alemães ficaram desapontados quando, no rescaldo da Primeira Guerra Mundial, ela não se materializou. A fim de estudar o que havia dado errado, eles formaram o Instituto de Pesquisa Social (que veio a ser conhecido como Escola de Frankfurt). Para eles, o único resultado positivo fora a revolução bolchevique em Moscou, e foi com grandes esperanças que os marxistas alemães procuraram tomar lições com Vladimir Lenin.

Em 1902, Lenin já havia proposto a tese de que uma revolução marxista não aconteceria espontaneamente; seria necessário trazê-la de fora, por meio da influência de uma classe ativista de intelectuais e profissionais, soldados e criminosos; conscientizando-se progressivamente de sua opressão, eles converteriam sua raiva em revolução.

Lenin prosperara estimulando o proletariado e tinha um desejo visceral de violência. Nele vemos o estratagema inicial de justificar a anarquia, a violência e a destruição a serviço da ação, da mudança e da transformação social. "A solução de Lenin estava em dar armas aos destacamentos de trabalhadores e estudantes e deixá-los prosseguir com a atividade revolucionária, independentemente de pertencerem ou não ao Partido Operário Social-Democrata Russo. Os destacamentos deveriam matar espiões, explodir delegacias, roubar bancos e confiscar os recursos necessários para a insurreição armada."[1]

---

[1] Robert Service, *Lenin: A Biography*, Cambridge, Belknap Press, 2002, p. 177.

Igualmente influente sobre a nova direção da Escola de Frankfurt foi o comunista italiano Antonio Gramsci. Ele alegava, por meio de seu conceito de "hegemonia cultural", que o poder social não é exercido apenas mediante os meios econômicos, mas também por meio da dominação cultural. A classe dominante transmite valores morais e ideias que os beneficiam. O cristianismo era considerado por Gramsci uma ilusão particularmente perigosa, pois servia apenas para sustentar o capitalismo e a classe dominante. Segundo ele, o predomínio dessas ideias e dessas normas dependia de que elas permanecessem inquestionáveis. Cada pessoa, portanto, devia ser um ativista, acusando essa dominação e lutando por subvertê-la.

A obra de Gramsci foi notoriamente reformulada em 1967 pelo líder do movimento estudantil alemão Rudi Dutschke. Dutschke cunhou a expressão "a longa marcha pelas instituições" a fim de indicar a necessidade de aumentar a consciência revolucionária infiltrando-se nas instituições influentes do Ocidente. Com tentáculos enraizados e de longo alcance, os marxistas poderiam radicalizar as atitudes culturais, convencendo as pessoas do efeito opressivo dos velhos valores e normas. No fim, sustentava Gramsci, seria estabelecida uma hegemonia socialista, tornando possível a revolução onde ela antes parecia inconcebível.

Os operadores da Escola de Frankfurt desenvolveram uma estratégia própria para marchar pelas instituições em três áreas principais: a família, a academia e a cultura. Fugindo da Alemanha de Hitler, a Escola de Frankfurt transferiu-se para a Universidade de Columbia em 1935, com John Dewey, famoso educador e simpatizante da União Soviética, atuando para facilitar sua incorporação. Suas missões eram coincidentes. Um movimento em direção ao neofreudismo já se fazia popular entre grande parte do corpo docente de Columbia, e os simpatizantes do comunismo não eram tão incomuns; a universidade, portanto, era um lar natural e acolhedor para os habitantes de Frankfurt que buscavam uma fusão das duas vertentes.

A família

A sociedade ocidental, segundo a Escola de Frankfurt, promovera uma cultura profundamente resistente à revolução por meio de um autoritarismo internalizado. A via de promulgação desse autoritarismo era a família patriarcal. Sobre isso, Ralph de Toledano escreve: "Em seu subconsciente, os primeiros revolucionários albergavam a própria autoridade que queriam subverter; e, de acordo com a Escola de Frankfurt, só poderiam se livrar dela por meio da promiscuidade e da neopsicanálise. A próxima revolução teria, antes de tudo, de depor o pai e entronizar a mãe."[2] Os arquitetos da Escola de Frankfurt, muitos deles atormentados por históricos sexuais perturbadores e perversos, pregavam uma doutrina de liberdade sexual e cultural. Essa fusão ideológica entre neofreudismo e neomarxismo iria moldar o futuro do movimento progressista.

György Lukács foi indispensável para discernir esse novo caminho a percorrer. Lukács vinha de uma rica família húngara, mas desprezava sua origem e sua condição burguesa. Também detestava os papéis do gênero, do casamento e da família. Em *História e consciência de classe*, de 1922, ele atribuiu à psicologia da classe trabalhadora a culpa pelo não advento da revolução.

Ao longo de sua vida, os temas de Lukács foram sempre revolução e sexo. Como comissário de cultura na Hungria, ele procurou alterar a psicologia da classe trabalhadora, controlando as narrativas que lhe eram apresentadas. Ele Instituiu um controle rigoroso sobre os discursos, banindo todos os jornais que considerasse muito burgueses, censurando bibliotecas e instituindo guildas de escritores com instruções estritas sobre o que poderia ou não ser posto no papel. Ele procurou libertar as crianças da autoridade paterna, encerrando a instrução religiosa e substituindo-a por um currículo radical de educação sexual.

---

2 Ralph de Toledano, *Cry Havoc*, Anthem Books, 2006, pp. 60–61.

Embora fosse uma figura controversa para alguns, Lukács conquistou a estima de Willi Münzenberg, chefe operacional da Internacional Comunista. Os dois tinham em comum o ódio mútuo à civilização e cultura ocidentais. Acreditavam que "a civilização ocidental era composta de muitas mansões: a moralidade que deriva do Antigo e do Novo Testamentos, a família tradicional, o respeito pelo passado como guia para o futuro, a restrição dos instintos mais básicos do homem e uma organização sociopolítica que garantia a liberdade sem licenciosidade. Desses obstáculos, os maiores eram Deus e a família."[3]

Se o autoritarismo era o obstáculo subconsciente à revolução, o remédio, segundo Lukács, vinha da psicanálise e da subversão do pai. Tornar os homens lascivos geraria suspeita e desconfiança nas esposas e rebelião nos filhos.

Wilhelm Reich, companheiro de Frankfurt nascido no seio de uma família judia secular e progressista, com um pai abusivo e frio, partiu daí. Sua mãe mantivera um longo caso extraconjugal às ocultas do marido, mas com pleno conhecimento do filho desde os seus quatro anos de idade. Quando adolescente, ele expôs o caso de sua mãe ao pai, o que levou sua atormentada mãe ao suicídio. Seu pai, perturbado, tentaria fazer o mesmo.

Desde tenra idade, Reich foi consumido pelo desejo e pela atividade sexual. Na infância, tivera intimidades lúbricas com empregadas domésticas e até fixação sexual por animais. Quando jovem, por volta de 1922, tornou-se protegido de Freud e continuou sua vida de devassidão, obtendo uma ampla gama de amantes. Também se apaixonou pelos escritos de Marx e Engels e se encaixou naturalmente na Escola de Frankfurt. Ele ingressou oficialmente no Partido Comunista em 1928, com a intenção de provocar a revolução por meio da liberação sexual da cultura.

Embora não fosse o primeiro, Reich foi o mais fervoroso devoto da necessidade de unir o socialismo com a liberação

---

3 *Ibid.*, p. 26.

sexual. Ele tirou um grandes lições dos princípios freudianos, como a natureza subconsciente do desejo, a sexualidade vívida das crianças, a crença em que o desejo reprimido não perde força, mas leva a distúrbios psíquicos, e a compreensão de que a moralidade é sempre repressiva.

Junto com os outros da Escola de Frankfurt, Reich acreditava que a família era autoritária – tanto a mãe quanto o pai. *A revolução sexual*, de 1936, consolidou seu legado como o pai desta revolução. Reich, e de um modo mais geral a Escola de Frankfurt, estavam convictos de que a repressão sexual estava ligada à repressão política, o que o levou a defender a necessidade pessoal e política da infidelidade e a libertação total da libido. Sua influência se faz particularmente evidente em suas discípulas que promovem, na teoria feminista, a pornografia, o lesbianismo e a masturbação como ferramentas para libertar as mulheres da opressão dos homens.

A exemplo de Lukács, seu objetivo de libertação sexual também se aplicava às crianças, que deveriam ser encorajadas a buscar a exploração sexual desde cedo. Para este fim, era excepcionalmente importante para Reich a obrigatoriedade da educação sexual para os pré-adolescentes. Embora o objetivo ostensivo fosse simplesmente instruí-los sobre os fatos da vida, na realidade, Reich *et al.* sabiam que a educação sexual era um poderoso cavalo de Troia. A exposição em tenra idade à mecânica e até mesmo às imagens da atividade sexual os encorajaria a imitar e se envolver em tais atividades mais cedo do que o fariam sem essa exposição. Longe dos limites da autoridade paterna, a educação sexual precoce apoderar-se-ia e formaria a imaginação, corroendo consciência das crianças.

Marchando academia adentro

A missão revolucionária da Escola de Frankfurt também seria combatida no terreno das universidades. Este plano trazia um duplo benefício. Sabia-se que, ao corroer a fé dos alunos nos pilares da cultura ocidental, seria possível minar a estabilidade futura dessa cultura. Em segundo lugar, estando no mundo acadêmico, seria possível levantar menos suspeitas e se comunicar com liberdade e em âmbito internacional, ao contrário do que aconteceria no caso de uma organização explicitamente política.

A ideologia da Escola de Frankfurt moldaria as futuras gerações de crianças – não apenas desestabilizando a família, mas também revolucionando o sistema educacional "ao qual os incautos pais americanos entregavam seus filhos, em especial as faculdades que formavam os professores".[4] De fato, a instrução dos professores se revelaria um dos métodos mais eficazes da revolução. Seus efeitos se fazem sentir até hoje e serão discutidos em detalhes nos capítulos subsequentes.

A teoria crítica, marca registrada da Escola de Frankfurt, deslocou a compreensão do objetivo da educação: não se trata mais do conhecimento, mas da mudança. Os educadores se tornaram ativistas, treinando legiões de estudantes para adotar o espírito revolucionário e criticar tudo o que existe. A teoria crítica tornou-se o método e o filtro através do qual todas as coisas devem ser vistas. Não se limitando a influenciar apenas a academia, ela acabou levando à politização de todos os aspectos da sociedade, dos esportes ao tricô.

Para que seja eficaz, a teoria crítica precisa apresentar três características: deve ser explicativa, prática e normativa. Para ser explicativa, tem de despertar as pessoas para a opressão por meio de uma narrativa convincente – por exemplo, uma narrativa de origem. Em seguida, precisa transformá-las em ativistas, oferecendo-lhes passos práticos para lutar contra sua opressão. Em terceiro lugar, deve revesti-las de retidão, transmitindo-lhes o peso moral de sua causa. Este último objetivo era o mais complicado. Embora

---

4   Paul Kengor, *Takedown*, WND Books, 2015, p. 103

a Escola de Frankfurt procurasse desiludir as pessoas quanto à existência de uma lei moral objetiva, ainda assim precisavam conferir-lhes o impulso emocional de um imperativo moral. A revolução requer verdadeiros fiéis, gente disposta a justificar o emprego de qualquer meio, até mesmo o derramamento de sangue.

A teoria crítica, longe de ser uma noção obscura limitada à Escola de Frankfurt, tem sido o pilar da educação da elite americana há décadas. A eficácia e o fervor que resultaram na cultura *woke* de hoje eram exatamente o objetivo dos revolucionários alemães que vieram aqui para instilá-la.

Marchando cultura adentro

A terceira grande via pela qual se pretendia semear a revolução na sociedade era a da cultura. No final da década de 1920, Max Horkheimer assumiu a direção da Escola de Frankfurt e levou para lá Theodor Adorno e, posteriormente, Herbert Marcuse, Erich Fromm e outros.

Adorno e Horkheimer haviam internalizado as teorias freudianas de regressão, sadomasoquismo e *schadenfreude*. Adorno acreditava que somos sujeitos sadomasoquistas, sempre sofrendo por causa das injustiças da sociedade, e a tal ponto que passamos a não apenas suportar nosso sofrimento, mas a desfrutá-lo. Adorno aplicou o conceito de *schadenfreude* para explicar como os oprimidos fugiam das sombras em suas vidas por meio da satisfação experimentada diante do sofrimento dos outros. A *schadenfreude*, na medida em que servia para nos distrair de nosso sofrimento, era um obstáculo à revolução.

Segundo Adorno e Horkheimer, esse desejo de *schadenfreude* ficava especialmente evidente na cultura de Hollywood, lugar onde eles passaram um tempo considerável. Os dois haviam encontrado em Hollywood o oposto de tudo o que haviam conhecido na Europa. A superficialidade, a publicidade e a obsessão por celebridades eram repugnantes para suas sensibilidades, mas eles reconheciam nessas coisas o poder da cultura popular de cativar, controlar e alterar as massas. Assim, procuraram aproveitar esse poder como uma ferramenta para o propósito da revolução. Toda arte e mídia deveriam ser transformadas em caminhos de mudança, transformando-as em veículos de crítica cultural. Em vez de mostrar a beleza, a arte deveria ser julgada pela eficácia com que revelasse a miséria e a injustiça. O propósito da arte, declaravam, deveria ser estritamente político e crítico.

Para os frankfurtianos, um filme como *A felicidade não se compra*, por exemplo, exemplificava o que há de pior na arte ao transmitir a mensagem de que a sua vida é boa e de que o caminho para a felicidade exige a mudança não das circunstâncias, mas da perspectiva pessoal, fazendo nascer um novo sentimento de gratidão pelo mundo em que você mora. Um filme assim contradizia os objetivos dos neomarxistas, deixando seu público satisfeito com o *status quo* de suas vidas em vez de revoltado.

Os frankfurtianos sabiam que, para ser uma via efetiva de mudança, a arte não precisava refletir com precisão a realidade que criticava. O exagero na descrição da miséria do mundo não era apenas aceitável, mas encorajado como meio de fomentar a revolução. Adorno acreditava que é apenas no exagero que a verdade é encontrada. A realidade deve ser apresentada de forma extrema e chocante.

Embora a indústria cinematográfica não tenha mudado da noite para o dia, as sementes foram plantadas, e em Hollywood as raízes acabaram por se firmar e espalhar ao longo do tempo. A influência progressista tem sido dramática. É difícil imaginar que, apenas algumas décadas atrás, um filme como *Carruagens de fogo* tenha sido autorizado e enaltecido. Uma análise dos candidatos ao Oscar na última década logo revela a eficácia da estratégia da Escola de Frankfurt. O tema comum a inúmeros filmes parece agora ter por objetivo elevar a consciência de seu público para a dinâmica de poder e opressão quanto a raça, gênero, sexualidade ou identidade.

Sejamos justos: alguns filmes sobre opressão de fato ilustraram injustiças reais. Contudo, mesmo se fundamentados na realidade, nossa percepção desta realidade acaba sendo distorcida pelas repetidas recontagens e reembalagens das narrativas de opressão. Congelar e amplificar certas injustiças é um meio eficaz de consolidar, nas mentes do público, uma narrativa segundo a qual esse tipo de injustiça é mais difundido do que os dados podem dar a entender. Adorno estava certo: ao exagerar um problema, despertamos para ele e perdemos a objetividade com a qual poderíamos enxergar o problema em seu escopo apropriado. Isso também explica por que, nas atuais discussões sobre temas polêmicos, citar dados ou estatísticas costuma ser considerado um gesto intolerante: o que importa não é a realidade, mas a agenda.

Construindo o exército

Talvez a mais influente de todas as figuras da Escola de Frankfurt tenha sido Herbert Marcuse. Marcuse às vezes criticava Reich, acreditando que ele fazia da liberdade sexual uma cura universal demais. Sobre suas diferenças, no entanto, Paul Kengor escreve: "As divergências se assemelhavam às de dois pregadores batistas congraçados que discordam quanto à interpretação exegética de certa passagem das Escrituras, sem jamais questionar a totalidade do Novo Testamento. Tanto para Marcuse quanto para Reich, a aliança havia sido estabelecida muito tempo antes, com o evangelho proclamado por Marx e Engels. Os dois apóstolos, a exemplo de um São Pedro e um São Paulo comunistas, simplesmente precisavam debater as extensões do Pentecostes freudiano-marxista. Eles divergiam sobre os próximos passos, mas concordavam quanto a quem era o messias."[5]

Se Reich procurou fomentar a revolução por meio da sexualidade, Marcuse ampliou essa estratégia ao buscar

---
5 *Ibid.*, p. 119.

atrair os artistas e intelectuais boêmios que já vinham descontentes com vários aspectos da vida americana tradicional. Ele notou-os maduros para o ativismo e obcecados com a opressão. Esses líderes boêmios – artistas, professores – poderiam, por sua vez, despertar a consciência dos jovens. Marcuse sabia que, uma vez que eles recebessem essa narrativa tão carregada de emoção, ela se espalharia e os colocaria contra suas famílias, contra suas nações e contra outros aspectos da civilização ocidental tradicional.

Marcuse tornou-se uma celebridade intelectual altamente eficaz para a juventude da contracultura dos anos 1960, tendo encorajado e celebrado sua radicalização e violência. Além dos boêmios e dos estudantes (os quais, muitas vezes, acabavam se tornando praticamente indistinguíveis), Marcuse também buscava empregar outros grupos identitários em prol da baderna e da revolução. Ele foi influente no movimento Black Power, ciente de que explorar as injustiças sofridas pelos negros era um meio eficaz de radicalização.

Marcuse também esteve convicto do potencial revolucionário de um movimento de mulheres eletrizado o bastante para provocar a desestabilização do Ocidente e procurou, com fevror, apoiar o avanço desse movimento promissor. Ele atuou como mentor de Angela Davis, ajudando-a a construir uma arquitetura intelectual para sua obra como feminista negra. Em 1970, Davis foi processada por fornecer as armas utilizadas numa invasão a um tribunal do condado de Marin, Califórnia, na qual quatro pessoas foram mortas. Depois de um ano na prisão, ela foi por fim absolvida, em 1972. Após sua libertação, Davis visitou os países do Bloco Oriental nas décadas de 1970 e 1980 e foi, em duas ocasiões, candidata do Partido Comunista a vice-presidente. Como muitos ativistas violentos da época, ela passou a incubar futuros radicais ao conquistar posições de destaque na academia, incluindo a liderança do departamento de Estudos Feministas da Universidade da Califórnia em Santa Cruz.

Escrevendo em 2014 sobre a influência de Marcuse, Ronald Aronson diz: "A Nova Esquerda teve de criar a si mesma. Não estávamos em continuidade com um movimento radical mais antigo, não tínhamos uma teoria em mãos que esclarecesse nossos objetivos e tarefas. Portanto, a presença e as contribuições de Marcuse foram essenciais." Marcuse, diz ele em seguida, "nos ajudou a superar a hesitação e desafiar as figuras paternas que governam nosso mundo". Aronson cita o filósofo Andrew Feenberg, outro aluno de Marcuse: "Nossos protestos não eram meramente pessoais, mas pertenciam à história com H maiúsculo."[6]

Marcuse foi um agente catalisador da ideologia da Escola de Frankfurt, e grande parte de seu legado permanece vivo por causa de sua influência duradoura na cultura. No que ele chamou de "Grande Recusa", os revolucionários promoveriam a causa da história por meio da rejeição a tudo quanto existe. Como Gramsci, ele sabia que a revolução não viria da noite para o dia, mas aconteceria lentamente, ao longo de gerações.

Síndrome do marxismo por procuração

A teoria crítica estabelecida pela Escola de Frankfurt tornou-se uma grande tenda para acomodar o pós-modernismo, o neomarxismo e o neofreudismo. Seu objetivo é desestabilizar, fragmentar e erradicar a hierarquia, a história, o sentido e a identidade humana fundamental. Vemos isso na dissolução de qualquer concepção estável de ser humano. Uma pessoa há de ser nada para poder ser qualquer coisa.

Sobre esse ponto, escreve o professor Carl R. Trueman: "Todas as metanarrativas anteriores, para o bem ou para o mal, tentavam conferir estabilidade ao mundo, um conjunto de categorias pelas quais as culturas pudessem operar.

---

[6] Ronald Aronson, "Marcuse Today", *Boston Review*, 17 de novembro de 2014: <http://bostonreview.net/books-ideas/ronald-aronson-herbert-marcuse-one-dimensional-man-today>.

Podem, é verdade, ter oferecido relatos de mundo diferentes, até mesmo mutuamente exclusivos, mas sua intenção ainda consistia em fornecer estabilidade." O bastão da teoria crítica tornou-se uma marreta com a incorporação do pós-modernismo, que defendia a rejeição total das grandes narrativas. "É a ideologia quintessencial da anticultura, oposta a toda e qualquer forma de autoridade transcendente. E isso gera toda sorte de problemas, mesmo nos lugares mais improváveis."[7]

Sem uma grande narrativa, nada temos além da narrativa dominante de nosso tempo. No vazio deixado por essa crise de sentido, a única coisa que resta é o poder e a única resposta, a violência. Foi o encontro com esse vácuo repleto de violência na Paris de 1968 que levou Roger Scruton a entender-se, pela primeira vez, como alguém que estava do lado dos conservadores. Ao observar estudantes que, reverenciando o pós-modernista francês Michel Foucault, geravam tumulto e destruição nas ruas, Scruton observou: "O espírito revolucionário, que procura no mundo coisas para odiar, encontrou em Foucault uma nova fórmula literária. Procure o poder em todos os lugares, diz ele aos seus leitores, e você o encontrará. Onde há poder, há opressão. E onde há opressão, há o direito de destruir. Na rua para a qual dá minha janela, essa mensagem apareceu traduzida em atos."[8]

Ao longo de décadas, a longa marcha pelas instituições culturais imaginada por Gramsci, por Marcuse e pela Escola de Frankfurt tem sido como uma constante dosagem intravenosa de veneno, matando o Ocidente gota a gota. Os indícios da presença da ideologia se encontram em toda parte. Na seção do *Washington Post* voltada aos pais de família, certa escritora feminista escreveu, em 2016, um ensaio acusando seus filhos de fazerem parte do problema

---

[7] Carl R. Trueman, "Queer Times", *First Things*, 21 de maio de 2020: <https://www.firstthings.com/webexclusives/2020/05/queer-times>.

[8] Roger Scruton, "Why I became a conservative", *The New Criterion*, fevereiro de 2003: <https://newcriterion.com/issues/2003/2/why-i-became-a-conservative>.

num sistema misógino. Ela contou como, na condição de mãe solteira vítima de abuso sexual, fazia questão de conversar regularmente com seus filhos adolescentes sobre consentimento, cultura do estupro e misoginia. Uma noite, durante o jantar, enquanto lhes falava sobre um caso de agressão sexual no noticiário, um de seus filhos revirou os olhos e reclamou que para ela tudo no mundo se resumia a cultura do estupro e sexismo. Reagindo a essa rejeição ao tema, ela escreve: "Nunca imaginei que meninos criados por mim viessem a se tornar homens assim, homens que negam a cultura do estupro ou que fecham os olhos para o sexismo, homens que me dizem que estou sendo muito sensível ou que sou incapaz de entender os adolescentes."[9]

O artigo viralizou, e logo os colegas de seus filhos os abordaram, com celulares em mãos, para mostrar o que sua mãe havia escrito. Os meninos chegaram a ouvir estranhos comentando sobre eles no ônibus e disseram à mãe que se sentiam envergonhados e zangados com isso.

Ela respondeu dobrando a aposta e escrevendo uma sequência ao seu artigo, intitulada: "Cansei de fingir que os homens são inofensivos (inclusive meus filhos)". Nele, a autora descreve seus filhos como meninos fortes, compassivos e bons; mas, independentemente dessas virtudes, eles não eram inofensivos. A misoginia silenciosa não deixa de ser misoginia, e ela declarou seus filhos, em virtude de terem nascido homens, culpados: "Sei que não devo pintar um sexo inteiro com uma única pincelada, nem todos os homens... Mas, se é impossível para uma pessoa branca crescer sem adotar ideias racistas simplesmente por causa do ambiente em que vive, como posso esperar que os homens não absorvam inconscientemente pelo menos algum grau de machismo? Pessoas brancas são perigosas e homens são

---

[9] Jody Allard, "My teen boys are blind to rape culture", *The Washington Post*, 14 de setembro de 2016: <https://www.washingtonpost.com/news/parenting/wp/2016/09/14/its-not--enough-to-teach-our-teen-sons-about-consent/>.

perigosos, não importa o quanto eu gostaria de me certificar do contrário."[10]

Esse deslocamento da acusação de machismo baseada nas ações de alguém para uma pressuposição do machismo herdado como um pecado original está de acordo com os termos contratuais do movimento *woke*. O oráculo oficial do racismo, Robin D'Angelo, baseou seu best-seller *White Fragility* na ideia de que é impossível a uma pessoa branca ser realmente boa e de que a única coisa que podemos fazer é nos esforçar para ser menos brancos. Ser branco é fundamentalmente ser antinegro; o racismo se faz presente no DNA caucasiano. Essa ideologia foi injetada como um veneno em nossa sociedade e é agora repetida de forma tão vociferante e estridente que questionar sua legitimidade cada vez mais coloca o questionador fora dos limites do debate polido.

No filme *O sexto sentido*, Haley Joel Osment interpreta uma criança que vê gente morta. Uma jovem que sofrera de uma doença crônica durante sua curta vida atrai, do além-túmulo, o personagem de Osment; sua intenção é dar-lhe uma fita de vídeo, instruindo-o a mostrá-la ao pai dela. No velório da menina, o protagonista apresenta o vídeo ao pai, que fica chocado ao descobrir que a fita traz imagens de sua esposa misturando, intencionalmente, algum tipo de veneno às refeições da filha, dando assim início e continuidade à doença que por fim a mataria.

Por meio dessa cena, muitas pessoas foram apresentadas à síndrome de Munchausen, um distúrbio mental em que uma cuidadora (na maioria das vezes uma mãe) inventa, exagera e muitas vezes causa determinada doença no filho. As pessoas com SMP parecem atenciosas e motivadas pelo cuidado e compaixão; podem recitar uma ladainha de supostos sintomas ruins e exigir exames e procedimentos para "curar" a criança. O tempo todo, desviam dos dados

---

10 Jody Allard, "I'm Done Pretending Men Are Safe (Even My Sons)", *Role Reboot*, 6 de julho de 2017: <http://www.rolereboot.org/culture-and-politics/details/2017-07-im-done--pretending-men-safe-even-sons/index.htm>.

e evidências que entram em conflito com a narrativa da doença. Na realidade, embora a criança pense que está doente, é o cuidador, e não a criança, que realmente padece. O que está sendo tratado não é o problema original.

Os chefes e instigadores que injetam a ideologia *woke* em nossa cultura estão nos envenenando. Eles fabricam certas injustiças e, onde existe injustiça verdadeira, acabam por exacerbá-la em vez de resolvê-la. Esse conflito contínuo interrompe e destrói a transmissão da cultura e da tradição. O objetivo é nos manter doentes, infectando o corpo social até que este corpo se volte contra si mesmo irremediavelmente. A *Wokeness, Inc.* tem envenenado jovens há décadas, dizendo-lhes que estão doentes e precisam de cuidados salvadores. Todavia, a ideologia nada lhes pode oferecer além de uma pose de compaixão, ao mesmo tempo que esconde aquilo que a verdadeira compaixão deveria apontar: uma cura.

PARTE II
Dogmas

4
O grupo acima da pessoa

Após ter de viver com seu membro engessado por um longo período, alguém que tenha quebrado a perna sofrerá um previsível efeito colateral. A perna sadia, que trabalhara em dobro enquanto a outra estivera parada, ficará mais forte; já a outra atrofiará. Da mesma forma, os três dogmas predominantes da ideologia *woke* formam uma espécie de trindade profana com três "pessoas" (ou binarismos), cada qual com uma perna quebrada.

O primeiro dos três dogmas *woke* que hoje predominam é a primazia do grupo sobre a pessoa; o segundo é a ênfase na vontade em detrimento da razão ou da natureza; e a terceira, a exaltação do poder humano, com a rejeição de qualquer autoridade superior. Enquanto na Cidade de Deus cada perna trabalha em harmonia com a outra, na Cidade dos Homens uma fica musculosa e a outra, flácida. É por meio desses três binarismos distorcidos que a ideologia busca estabelecer o homem tanto como vítima quanto como deus. Examinaremos cada um deles, a começar pelo primeiro.

O que se esconde num nome?

Em seu livro *Primal Screams*, Mary Eberstadt postula, de maneira um tanto convincente, que a razão pela qual nos tornamos tão tribalmente obcecados pela identidade dos grupos oprimidos está diretamente relacionada à fratura da família, consequência direta da revolução sexual. As dramáticas mudanças na integridade da vida familiar, tais quais refletidas no flagrante aumento da ausência paterna, da ilegitimidade, da infidelidade e do divórcio, não estão em mera correlação com o avanço da política identitária. Em vez disso, argumenta Eberstadt, a perda de nossa identidade primordial dentro da família criou gerações de pessoas feridas, atrofiadas e ansiosas pelo que lhes foi negado. Ao perder a família, perdemos a nós mesmos e vemo-nos obrigados a nos aferrar desesperadamente a qualquer identidade que nos seja oferecida, seja ela artificial ou não.

Não é por acaso que um dos primeiros atos da vida familiar consiste em dar nome a um novo membro. Os números tatuados nos braços dos sobreviventes do holocausto, com a desumanização que transmitem, são horrores visuais remanescentes do genocídio. Nas narrativas distópicas – por exemplo, em *Stranger Things* –, pode acontecer de um personagem ser "nomeado" com um número, a fim de indicar que seu valor não ultrapassa o de um elemento numa série. O ato de nomear diz respeito ao pertencimento e à formação da identidade, elementos naturais ao convívio familiar. Trata-se de um sopro de intimidade e insubstituibilidade – a criança não é qualquer um: é alguém específico. O especialista em liderança Dale Carnegie escreve: "Lembre-se de que o nome de alguém é, para essa pessoa, o som mais doce e importante que pode haver em qualquer idioma."[1] Há uma boa razão para isso. Ouvir o próprio nome sugere à pessoa que ela é conhecida não por causa de uma utilidade instrumental qualquer, mas por si mesma.

O ataque à família é intrínseco à agenda da ideologia *woke* precisamente porque a família é capaz de defender a dignidade da pessoa e servir como baluarte contra o

---

[1] "Remembering Names", DaleCarnegie.com: <https://www.dalecarnegie.com/en/courses--v2/3741>.

tribalismo político. Uma família saudável e bem formada é preventiva; oferece o cuidado que prepara a pessoa para caminhar confiantemente até a idade adulta. À medida que a família se enfraquece, a atração pelo tribalismo aumenta. O esforço por destruir a família fez com que as pessoas ansiassem ainda mais por ela; só que, sem a família, vemo-nos suscetíveis a uma imitação.

O Papa São João Paulo II notoriamente chamou a família de "escola de amor". Com isso, quis sublinhar a maneira como a intimidade da vida familiar pode nos levar, através de diversos graus de dor e consolação, ao arrependimento e à reverência, incitando e encorajando seus membros a olharem para dentro de si. O tribalismo, por sua vez, incita seus membros a olharem para fora; a adesão a ele não se alicerça no amor, mas no ressentimento.

Definidos pelo mal

Para além do contexto familiar, as questões sobre o que significa ser humano são tradicionalmente respondidas pelo recurso aos universais, fazendo-se referência a certa humanidade compartilhada. Distintamente humano é o que temos em comum e o que nos separa das feras. Por sua vez, os *woke* procuram responder a uma questão assim fundamental de tal maneira que torna impossível uma humanidade partilhada e comum: ao definir as pessoas pelo critério da oposição, cada pessoa é percebida como opressora, como oprimida ou como alguma combinação dos dois. Os relacionamentos servem como cenário de luta pelo poder, e não como fonte de conexão.

Embora a compreensão cristã da identidade pessoal se deixe moldar por toda sorte de atributos e circunstâncias, em seu âmago cada pessoa, criada à imagem e semelhança de Deus, é um sujeito irredutível, com um intelecto voltado para a verdade e uma vontade voltada para o bem. Uma vez que a verdade e a bondade são transcendentais divinos, por nossa própria natureza somos definidos em relação a Ele. Além de sermos distintamente humanos em razão de nossa capacidade de raciocinar, nós alcançamos nosso propósito – e somos mais plenamente nós mesmos – no relacionamento com o próprio Amor.

Em contraste, para os *woke*, não devemos nos definir segundo nossa relação com a bondade de Deus, mas com o mal da sociedade. Se o pertencimento a uma família é algo pessoal, a pertença a uma tribo política é abstrata. Cada um só faz parte dela na medida em que é a instanciação de um movimento, à maneira de um número num braço. No entanto, embora a participação no grupo seja necessária, ela não é suficiente. Também se exige o compartilhamento da ideologia. É a ideologia, *e não o indivíduo, o que deve florescer.*

Por exemplo, se a opressão jaz no cerne da feminilidade (como dizem os *woke*), então a perfeição da mulher consiste no combate à opressão e na luta pelo poder. Uma mulher que não seja feminista está negando algo central de sua feminilidade. Um gay conservador não tem o direito de representar a comunidade gay. Um negro conservador será questionado quanto à legitimidade de sua negritude. Uma declaração recente de Nikole Hannah-Jones, principal autora do "1619 Project", do *New York Times*, reflete isso: "Há diferença entre ser politicamente negro e racialmente negro. Não estou defendendo ninguém, mas todos sabemos disso e devemos parar de fingir que não o sabemos."[2]

Alguém que seja etnicamente negro pode ser desprezado, ignorado ou vilipendiado caso sua política contradiga a do movimento. Faltando-lhe a consciência política correta, essa pessoa reprime o cerne de sua identidade e torna-se indigna de ter uma plataforma para si. Embora o objetivo declarado seja a diversidade, os objetivos reais

---

[2] Valerie Richardson, "Architect of NYT's 1619 project draws distinction between 'politically black and racially black'", *The Washington Times*, 22 de maio de 2020: <https://www.washingtontimes.com/news/2020/may/22/nikole-hannah-jones-1619-project-draws--distinction/>.

são a uniformidade e o poder. Você só é importante na medida em que promove a agenda.

Supremacia *woke*

Vladimir Lenin dizia que os oprimidos não podem, por conta própria, entender suficientemente as profundezas de sua opressão e, portanto, precisam de uma classe intelectual que continuamente lhes recorde que devem ter raiva e se sentir odiados.[3] Marcuse entendeu isso e, com astúcia e destreza, soube liderar e radicalizar a juventude, vendendo-lhes seu próprio desespero na década de 1960. Saul Alinsky foi outro radical influente (chegando a exercer um impacto relevante e bem documentado sobre Barack Obama e Hillary Clinton) que ecoou a importância de revelar aos oprimidos sua miséria. Em seu livro *Rules for Radicals,* ele fala sobre a necessidade de "esfregar as feridas do descontentamento" a fim de eletrizar as pessoas rumo a uma mudança social radical. Alinsky sabia que a revolução não viria sem um compromisso militante e intransigente de alimentar a fúria e a divisão na população.[4]

Uma maneira poderosa de potencializar essa narrativa de indignação e desespero se dá pelo controle da mídia, que determina que notícias chegam às nossas casas. Em alguns casos, primeiro se cria a narrativa para uma agenda de "notícias" e só depois encontra-se uma maneira de concretizá-la. Em 2015, enquanto a Lei de Restauração da Liberdade Religiosa estava sob ataque por ser "antigay", certa repórter em busca de um vilão foi a uma pizzaria numa pequena cidade no estado de Indiana. Ela levantou aos proprietários cristãos algumas perguntas sobre suas práticas comerciais

---

3 V. I. Lenin, *Lenin's Selected Works in Three Volumes*, volume 1, Progress Publishers, 1975, pp. 119–271.
4 "Saul Alinsky Is the Cause of Our Political Divisions", *The Wall Street Journal*, 26 de fevereiro de 2018: <https://www.wsj.com/articles/saul-alinsky-is-the-cause-of-our-political-divisions-1519662559>.

em relação ao público gay: porventura o atenderiam? Cuidariam do bufê num suposto casamento? Os proprietários disseram a ela que, embora jamais fossem negar atendimento a um cliente gay, não poderiam cuidar do bufê de um casamento gay porque isso seria uma violação de suas convicções religiosas. A mídia nacional enlouqueceu; a reportagem viralizou. A ninguém importava que os proprietários de uma pizzaria numa cidade pequena como aquela não tivessem buscado esse destaque todo nem se proposto a entrar nessa briga. A imprensa enquadrou a narrativa de que se tratava de uma pizzaria notoriamente antigay. Não à toa, os proprietários enfrentaram ameaças de morte, exposições maldosas e aviltamentos em escala nacional; era importante passar a mensagem de que aquela gente preconceituosa e odiosa estava fora dos limites da sociedade civil. A mensagem mais ampla era a de que *qualquer pessoa* que tivesse as mesmas crenças também era digna de desprezo.

De Scott Ott, da *PJ Media*: "Se precisasse resumir o roteiro, diria assim: numa cidadezinha, certa senhora tenta ser prestativa e educada com uma adorável repórter da 'cidade grande'. Noutras palavras: a Memories Pizza não divulgou qualquer comunicado à imprensa. Eles não entraram em contato com a mídia, nem fizeram barulho no Twitter ou no Facebook. Nem mesmo colocaram uma placa na janela rejeitando supostas encomendas para casamentos gay. Apenas responderam a algumas perguntas de uma repórter em começo de carreira que certo dia entrou no restaurante deles – uma repórter enviada em missão por um veículo de imprensa irresponsável."[5]

Pouco importava que ninguém tivesse se sentido ofendido por aquela pequena pizzaria. Algum totem do cristianismo regressivo e opressor precisava ser oferecido aos deuses *woke* que exigiam o fim da Lei de Restauração da Liberdade Religiosa. Um ano depois, ao refletir sobre o caos que

---

5 Robby Soave, "Was Memories Pizza a Victim of Irresponsible Journalism? Yes", *RFRA*, 2 de abril de 2015: <https://reason.com/2015/04/02/was-memories-pizza-a-victim-of-irrespons/>.

o sufocara, o dono da pizzaria, Kevin O'Connor, simplesmente afirmou: "Por causa da raiva, parece que não é mais possível ser amistoso. Se minha opinião não é a mesma que a de outrem, então sou um lixo. Só porque não concordo com você, não significa que preciso odiá-lo."[6]

Esse esforço de demonização política é encontrado com frequência e pode ser empregado por todos os lados. No entanto, trata-se de uma estratégia que flui direto do coração da política identitária; e, situada no contexto geral da ideologia *woke*, torna-se particularmente perniciosa. Em seu livro *The Stakes*, Michael Anton diz que esse processo de domínio narrativo *woke* se baseia em dois instrumentos: o megafone e a focinheira. O megafone simboliza a amplificação da narrativa por meio da mídia de massas, de verificadores de fatos ideologicamente enviesados, de grandes empresas e da repetição incessante de temas polêmicos. Combinados, eles trabalham para lavar a ideologia e batizá-la com uma dignidade institucional. A focinheira serve para suprimir narrativas alternativas por meio da diminuição do alcance, do cancelamento, da demonização e da censura desenfreada por parte das empresas de *big tech*. Dentro do clima *woke*, que rejeita o pensamento crítico em favor da teoria crítica, uma narrativa emocionalmente carregada torna-se onipotente e inatacável.

Fragilidade *woke*

Em *The Rise of Victimhood Culture*, os sociólogos Bradley Campbell e Jason Manning examinam como diferentes sociedades estabelecem seu código cultural em torno dos valores que priorizam e reverenciam, sobretudo na área de

---

[6] "Walkerton pizzeria once at center of national controversy has now closed", *South Bend Tribune*, 23 de abril de 2018: <https://www.southbendtribune.com/news/business/walkerton--pizzeria-once-at-center-of-national-controversy-has-now-closed/article_83b23989-40ef--554f-b4ab-d4657cf0a150.html>.

resposta a conflitos. Certos povos tiveram o que pode ser chamado de cultura de honra. Para resolver uma disputa, essas culturas de honra, como no Velho Oeste, promoveriam algo semelhante a um duelo. Nesses casos, a reputação é altamente valorizada e as pessoas detestam parecer covardes ou recorrer a terceiros para resolver disputas.

Em muitas sociedades, inclusive nos Estados Unidos, a cultura de honra deu lugar à cultura da dignidade. Na cultura da dignidade, prioriza-se o reconhecimento geral do valor inerente de cada pessoa. Desta forma, é melhor suportar que combater os insultos. O valor de alguém é entendido de modo objetivo e independente da opinião alheia – ao contrário da cultura de honra, que trata as ofensas como verdadeiras injúrias à dignidade pessoal. A cultura da dignidade tende a se fundar na lei, o que torna normal o recurso a terceiros para resolver conflitos. A dignidade da pessoa, parte da essência da doutrina social da Igreja Católica, parece-nos agora fundamental porque essa é a cultura em que nos encontramos, mas teria sido radical em diferentes tempos e lugares, como em meio à brutalidade e ao paganismo da Roma antiga ou à desumanização de tantos regimes comunistas.

Os autores argumentam que a cultura da dignidade tem cedido e está em rota de colisão com o surgimento da cultura do vitimismo (ou cultura da justiça social), que tem por maiores virtudes identificar e combater opressões. Ao contrário da cultura de honra, o que confere *status* moral a uma pessoa na cultura da vitimização é o *status* de vítima; isso serve como incentivo positivo para que o indivíduo fique indignado e divulgue essa indignação. Semelhantemente à cultura da dignidade, as pessoas estão dispostas a recorrer a terceiros para arbitrar suas disputas; no entanto, na cultura da dignidade é muito menor as chances de que alguém fique indignado por pequenas ofensas ("microagressões"). As culturas da honra compartilham com as culturas da vitimização o fato de que, em ambas, as ofensas são levadas a sério; todavia, na cultura da honra seria vexaminoso anunciar o próprio *status* de vítima e improvável que se apelasse a terceiros para resolver as disputas.[7]

Para cada cultura existe uma lógica interna baseada naquilo que ela valoriza, mas pode ser um desafio entender esse sistema de valores sem estar imerso nele ou vislumbrar suas premissas. O psicólogo social Jonathan Haidt comenta: "A ideia-chave está no fato de a nova cultura moral da vitimização promover a 'dependência moral' e a atrofia da capacidade de lidar independentemente com pequenos assuntos interpessoais. Ao mesmo tempo que enfraquece os indivíduos, ela cria uma sociedade de conflito moral constante e intenso, na medida em que as pessoas competem pelo *status* de vítimas ou defensoras das vítimas."[8]

Parte da divisão e da confusão que temos testemunhado e sentido decorre dessa colisão de duas culturas: uma que está pronta para se sentir prejudicada e magoada, crendo ser seu direito e seu dever moral identificar e divulgar as próprias feridas; e uma cultura mais antiga, que valoriza uma maior resistência e não busca afirmação por meio da exposição de feridas, reagindo de modo confuso ou cínico quando outros agem assim.

Olimpíadas da opressão

O motor da Escola de Frankfurt, a teoria crítica, ganhou vida própria quando passou a se referir a diferentes categorias de opressão. A ideologia aplicada às queixas raciais é chamada de teoria crítica da raça. Em 1989, a estudiosa Kimberlé Crenshaw introduziu nela o conceito de interseccionalidade. Crenshaw acreditava que as categorias de

---

[7] Bradley Campbell e Jason Manning, "Microaggression and Moral Cultures", *Comparative Sociology*, vol. 13, número 6, 30 de janeiro de 2014: <http://booksandjournals.brillonline.com/content/journals/10.1163/15691330-12341332>.

[8] Jonathan Haidt, "Where microaggressions really come from: A sociological account", *The Righteous Mind* (blog), 7 de setembro de 2015: <https://righteousmind.com/where-microaggressions-really-come-from/>.

opressão existentes eram excessivamente simples e inadequadas. Segundo ela, dentro de uma pessoa poderiam existir múltiplas identidades oprimidas, ou mesmo uma dualidade entre privilégio e opressão. Deste modo, enquanto mulheres negras e mulheres brancas podem ser oprimidas na condição de mulheres, as negras têm uma camada adicional de opressão devido à sua raça, ao mesmo tempo que as mulheres brancas gozam de uma camada de privilégio como opressoras raciais. Um empregador, por exemplo, pode satisfazer as normas de diversidade ao contratar uma mulher branca e um homem negro. Embora pareça que atendeu aos padrões em duas categorias oprimidas (mulheres e pessoas de cor), a mulher negra, nessa interseção, ficou de fora. Da mesma forma, os homens negros são oprimidos do ponto de vista étnico; mas, pelo gênero, são opressores. O prefeito Pete Buttegieg, um dos principais candidatos nas primárias presidenciais democratas de 2020, na condição de homem branco é opressor, mas como gay é também uma vítima. Esse conceito de interseccionalidade serviu como arcabouço para interpretar a encruzilhada em que várias formas de opressão podem afetar o indivíduo. Sem a interseccionalidade, essa combinação de opressões, segundo Crenshaw, permaneceria invisível.[9]

Diz a teoria que a opressão numa categoria não cancela o privilégio em outra. A interseccionalidade visa analisar constantemente como a opressão ou a dominação se apresenta nas diversas camadas da identidade do sujeito. O domínio de um opressor pode se agravar pelo pertencimento a múltiplas identidades de grupos dominantes. Da mesma forma, o *status* de vítima ganha estatura moral quando do acúmulo de queixas oriundas da participação em vários grupos oprimidos.

A interseccionalidade está intimamente relacionada à "posicionalidade" do ponto de vista, que é a teoria *woke*

---

[9] Kimberlé Crenshaw, "Mapping the Margins: Intersectionality, Identity Politics, and Violence against Women of Color", *Stanford Law Review*, vol. 43, n. 6 (julho de 1991).

segundo a qual o dominante não é capaz de ver a partir da perspectiva do oprimido, mas o oprimido enxerga as perspectivas dominante e oprimida. Isso ocorre porque a posição dominante é a norma que todos conhecem, enquanto a perspectiva oprimida é invisível para os privilegiados. Por exemplo, um homem branco só pode ver a realidade pela perspectiva de um homem branco, ao passo que uma mulher branca pode ver a perspectiva dominante do homem e a perspectiva da mulher. Quanto mais oprimida é a pessoa, mais ampla é sua perspectiva sobre o mundo e, consequentemente, mais direito tem de ser ouvida. Conhecimento e verdade são, neste quadro, resultado da identidade. Com a posicionalidade, estabelece-se uma hierarquia invertida: a perspectiva é a prova.

O popular psicólogo Jordan Peterson assinalou essa simplificação artificial que é reduzir as pessoas de maneira a reconhecer nelas algumas categorias de identidade e ignorar outras. Pensemos nos vários grupos identitários possíveis, aos quais qualquer um pode aderir; podemos começar com a etnia e o gênero, mas quantas etnias e gêneros devemos considerar? "Presuma (e é isso o que a ciência moderna sugere) que existam cinco principais subgrupos humanos: os africanos, os europeus e os povos do Oriente Médio, os da Ásia Oriental, os povos da Oceania e os ameríndios", afirma Peterson. "Consideremos dois sexos e três gêneros – embora muitos daqueles preocupados com a diversidade insistam em que há muito mais do que três. Temos então 5 x 2 x 3 = 30." Em seguida, ele faz referência às deficiências, citando que, em 2016, 20% dos alunos de graduação relataram deficiência em nove categorias diferentes, desde a deficiência visual até distúrbios mentais e de aprendizado. Partindo dos dois conjuntos (portador/não portador) dentro de cada uma das nove categorias, chegamos à equação: 30 x 2 x 2 x 2 x 2 x 2 x 2 x 2 x 2 x 2 = 15.360.

Peterson continua dizendo que devemos levar em consideração a classe e a origem econômica, observando que 12% dos americanos vivem abaixo da linha da pobreza.

"Se levarmos a sério a diversidade e estivermos dispostos a atribuí-la à identidade de grupo, aplicando seus ditames à contratação, à colocação e à promoção para cada cargo, já temos um mínimo de 30 mil categorias diferentes a considerar."

Além disso, Peterson questiona por que não consideraríamos a altura, a força e a atratividade. Na corrida para o sucesso, cada uma dessas categorias tem um papel a desempenhar. Ou que tal a educação, o idioma nativo, a idade, o estado civil, o número de filhos dependentes? E existem ainda inúmeras outras categorias que podem oferecer contribuições importantes para que se tenha vantagem no caminho para o triunfo.

Dadas todas essas outras categorias, "o total de indivíduos 'diversos' chega agora a mais de 15 milhões. Só precisaríamos adicionar mais uma categorização binária – obeso ou não obeso? – para exceder dramaticamente toda a força de trabalho canadense de 18 milhões de pessoas." Peterson pergunta por que não considerar todas essas outras categorias. "Quem poderá dizer, dado que o objetivo é, hipoteticamente, a eliminação da discriminação, que uma é mais importante que as outras? Digo com toda a seriedade: essa não é apenas mais uma forma de discriminação?"[10]

Embora não seja perfeita, a verdadeira justiça exige que cada indivíduo seja tratado apenas assim: como indivíduo. E isso não porque as circunstâncias, atributos, vantagens ou identidades de grupo não sejam fatores importantes para nossas identidades, mas porque não podemos explicar as muitas e variadas nuances que podem mitigar ou exacerbar as deficiências (reais ou percebidas) de alguém. Por exemplo, um candidato negro, vindo de um lar rico e de boa família, deveria ser privilegiado num processo de contratação em detrimento de um candidato branco que cresceu

---

[10] Jordan Peterson, "Jordan Peterson: Why the Western emphasis on individuals is the ultimate in intersectionality", *National Post*, 2 de novembro de 2019: <https://nationalpost.com/opinion/jordan-peterson-why-the-western-emphasis-on-individuals-is-the-ultimate-in-intersectionality>.

em meio à pobreza e ao perigo, no seio de um lar abusivo? Ao focar apenas nas categorias identitárias aprovadas, não estamos negando o impacto das outras categorias? Uma ideologia construída para lembrar, reenfatizar, compor e comparar uma lista lamentavelmente incompleta de queixas acaba por ser uma forma ampla e perversa de injustiça em nome da resolução da justiça.

Empoderar os oprimidos… enfraquecendo-os

A injustiça subjacente a esses movimentos de justiça social tem ficado cada vez mais aparente. Um artigo no *Vox*, veículo de tendência esquerdista, parecia expressá-lo ao observar que, "nos principais critérios de avaliação do comportamento racial, a opinião dos esquerdistas brancos deslocou-se um ponto a mais para a esquerda do que as opiniões dos negros e latinos. Os liberais brancos agora mostram-se *menos propensos* do que os afro-americanos a dizer que os negros devem prosperar sem qualquer ajuda especial."[11]

A ideologia *woke* convenceu os progressistas brancos de que os negros estão numa situação mais sombria do que os próprios negros acreditam estar e de que eles são menos capazes do que as pessoas brancas. A política identitária há muito vem sendo acusada de conduzir ao racismo reverso, mas no fim das contas ela também culmina num racismo direto.

O Smithsonian Museum of African American History and Culture exibiu um infográfico que afirmava definir as características da "branquitude". Entre as características elencadas estavam: raciocínio objetivo, polidez, trabalho árduo e confiança no Método Científico. O objetivo, ali, era criticar o domínio da cultura branca. Esse gráfico progressista dava a entender que os negros são mais propensos do que os brancos a serem preguiçosos, irracionais e

---

11 Matthew Yglesias, "The Great Awokening", Vox, 1º de abril de 2019: <https://www.vox.com/2019/3/22/18259865/great-awokening-white-liberals-race-polling-trump-2020>. Grifos da autora.

mal-educados. Depois que o gráfico se tornou viral em 2020, o Smithsonian o removeu do *site*.

É bem verdade que algumas pessoas têm, na vida, vantagens que outras não têm. Também é verdade que existem grupos de pessoas que foram profunda e injustamente subjugadas pela lei e pelas convenções sociais. Para muitos negros americanos, esta é uma realidade premente que persiste até hoje. No entanto, este é um problema que acaba sendo amplificado e explorado por uma ideologia cujo fundamento está em filtrar a realidade inteira pelas lentes da opressão e, em última análise, no flagrante e inevitável racismo que se desenvolve quando se categorizam todas as pessoas, de qualquer grupo, como oprimidas.

Numa entrevista de 2015, o então presidente Barack Obama afirmou que, embora tenhamos feito progressos com relação ao racismo, "a escravidão, [...] a discriminação em quase todas as instituições de nossas vidas... Sabe, o efeito disso tudo é prolongado. E isso ainda faz parte do nosso DNA, que é passado adiante."[12] Essa é uma metáfora interessante. O DNA é algo essencial, interno, presente em toda parte da pessoa. Essa visão cada vez mais influente, denominada "essencialismo étnico", sustenta que devemos priorizar a etnia acima de tudo. Alguns escritores negros passaram a representar essa visão das coisas, assinalando o óbvio problema de que ele reduz as pessoas às suas características imutáveis – o que é indistinguível, em princípio, do antigo racismo exercido pelos brancos, que consideravam a cor da pele essencial na avaliação de qualquer ser humano.[13]

Não seria difícil inventar o jogo "Quem disse isso: O racista ou o *woke*?". Ambos concordam com que a identidade étnica é de importância capital na categorização e divisão

---

12 Bill Chappell, "'We Are Not Cured': Obama Discusses Racism in America with Marc Maron", *NPR*, 22 de junho de 2015: <https://www.npr.org/sections/thetwo-way/2015/06/22/416476377/we-are-not-cured-obama-discusses-racism-in-america-with-marc-maron>.

13 Batya Ungar-Sargon, "A new intelligentsia is pushing back against wokeness", *Forward*, 22 de julho de 2020: <https://forward.com/opinion/451099/a-new-intelligentsia-is-pushing-back-against-wokeness/>.

das pessoas. Ambos fazem afirmações abrangentes, segundo as quais a identidade étnica é um pressagiador confiável de comportamento. Ambos almejam revogar as leis antidiscriminação, de modo a que a raça possa ser levada em consideração nas contratações profissionais. Ambos veem a branquitude como um privilégio. Ambos sustentam que os negros são menos capazes, menos racionais e menos civilizados do que os brancos.

As ideias expostas pelo gráfico do Smithsonian não se limitavam a seus autores. Certo jornalista do *New York Times* passou dias em treinamentos de questões étnicas. Marcus Moore, um dos instrutores, ensinou à sua turma que conceitos como "preparar-se", "planejar o futuro" e "aderir a cronogramas rigorosos" eram exemplos de normas brancas. Dizia que a cultura branca é obcecada pelo tempo do relógio, punindo os alunos por seus atrasos. E este seria apenas mais um exemplo de como a branquitude prejudicava as crianças negras. "O problema surge quando dizemos que esse jeito de ser é o jeito certo de ser." Na escola e no mundo do trabalho, afirmava Moore, a regra generalizada de que crianças e adultos negros devem "curvar-se à substância, ao estilo e ao formato da branquitude"[14] causa um dano imenso. A branquitude, para os *woke*, é definida pelo trabalho árduo, pelo planejamento e pelo gerenciamento do tempo – habilidades que, para eles, não deveriam ser esperada dos negros.

O mesmo artigo apresenta uma executiva do Departamento de Educação da cidade de Nova York, Leslie Chislett, que fora obrigada a frequentar dez oficinas antirracismo. Estava, portanto, capacitada a criticá-los. Chislett dedicara grande parte de sua carreira à tentativa de atrair mais alunos negros para as aulas de *advanced placement*, modalidade educativa que permite aos estudantes de grau secundário assistir a aulas de disciplinas universitárias, adiantando a obtenção de

---

14 Daniel Bergner, "'White Fragility' Is Everywhere. But Does Anti-Racism Training Work?", *The New York Times Magazine,* 17 de julho de 2020: <https://www.nytimes.com/2020/07/15/magazine/white-fragility-robin-diangelo.html>.

créditos para uma posterior graduação. Sobre as oficinas antirracismo, ela diz: "É um absurdo. A cidade investiu dezenas de milhões no programa de *advanced placement* para todos, a fim de que a minha equipe pudesse dar às crianças acesso a aulas preparatórias e auxiliá-las a se preparar para os exames admissionais, que as ajudarão a obter diplomas universitários. Mas então todos devemos presumir que escrever e manejar dados são valores brancos? Como essas pessoas todas não percebem a incoerência disso?"

Esse hábito de reinventar a injustiça mesma que a justiça social deseja reprimir também fica claro em outras categorias de opressão. Mulheres que supostamente lutaram para serem vistas como algo mais do que objetos sexuais agora enaltecem uma Beyoncé sacudindo seus encantos descobertos em frente a uma placa em que se lê a palavra *Feminista*. As carreiras de Jennifer Lopez e outras estrelas *pop* parecem existir apenas para que elas se tornem objetos sexuais, enquanto pais "utilmente idiotas" (parafraseando Lenin) pagam preços exorbitantes para levar pré-adolescentes a seus *shows*. Questionar a sabedoria dessas coisas é contradizer a positividade sexual do novo feminismo progressista. Enquanto isso, estamos ensinando às meninas que seu empoderamento é muito parecido com sua objetificação.

Tudo isso pareceria muito bizarro e absolutamente confuso se ignorássemos a história e os objetivos do programa marxista. Mas, como todo radical sabe, a revolução não nasce de uma sociedade estável, composta de pessoas íntegras, e sim de uma sociedade dividida e povoada por cidadãos feridos, que veem a revolução como uma solução justa. De fato, para muitos, ela começa a parecer a única opção que resta. Reduzir e absorver a pessoa numa tribo ideológica (o primeiro dogma distorcido dos *woke*) pode ser suficiente para desestabilizar a sociedade, mas não há uma só maneira de esfolar um gato: há outras duas, para sermos mais precisos.

5
Vontade além da razão

No outono de 2018, na Azusa Pacific University (uma universidade cristã evangélica), a proibição de relacionamentos homossexuais entre professores e alunos vinha fomentando a divisão no *campus*. Em protesto, os estudantes usavam *slogans* e portavam cartazes dizendo: "Você pode ser gay e cristão" e "Deus é não binário", entre outras coisas. Numa manifestação emocionalmente carregada, certo aluno que liderava o grupo dirigiu-se diretamente ao Todo-poderoso, proclamando: "Isso não é pecado, meu Deus... Isso é lindo. Rezo para que continuemos a viver a missão de fazer a diferença, meu Deus. Que este mundo seja um lugar de igualdade, meu Deus."[1]

É difícil imaginar uma testemunha cristã mais insípida do que um estudante universitário capaz de se dirigir ao Deus onisciente, onipotente e amoroso, Aquele que lançou os alicerces da terra, a fim de deixá-lO a par da verdade a respeito do sexo gay. Em vez de nos conformarmos a Ele, nós nos tornamos nossos próprios deuses, aos quais Deus deve se adequar. Em vez de progresso, esta é a pior forma de regressão cultural. É como se a comunidade científica regressasse à noção pré-copernicana de um Sol que gira em torno da Terra.

Para desobedecer a Deus, devemos primeiro diminuí-lO. Não adoraremos um ser que é nosso subordinado. O que

---

[1] Alejandra Reyes-Velarde, "Ban on same-sex couples roils small Christian college: 'This isn't something sinful, God'", *Los Angeles Times*, 5 de outubro de 2018: <https://www.latimes.com/local/lanow/la-me-ln-azusa-pacific-university-lgbtq-ban-20181005- story.html>.

está abaixo de nós não nos causa espanto. Uma vez diminuída, a devoção a Ele torna-se não apenas desnecessária, mas irracional. É por isso que hoje, para muitos, a fé cristã parece ser um indicador de fraqueza, ou mesmo de burrice.

Ao garantir que Deus gira em torno de nós, nós O concebemos como sendo o que Ele não é e, nesse vazio, fazemos de nós mesmos deuses. Isso está no cerne do triunfo da vontade sobre a razão, sobre a natureza e sobre Deus. O que desejamos torna-se certo pelo simples fato de o desejarmos. Agora somos nós, não Ele, que sabemos tudo, amamos tudo, somos todo-poderosos. Se não nos livramos completamente de Deus, é por sentimentalismo ou costume. Seja por um ou por outro motivo, isso não vai durar.

Cultura terapêutica

Indicativo de quão profundamente internalizamos esta mensagem é o fato de que regularmente cita-se, como sabedoria, o conselho do infame Polônio de *Hamlet*: "Sê verdadeiro para contigo mesmo." A atual transformação de nós mesmos em nossos próprios sóis está enraizada na psicanálise freudiana e se expressa na cultura terapêutica posterior à década de 1960. De acordo com o escritor Darel E. Paul, o objetivo da teoria psicanalítica tem sido o que ele chama de "salvação do eu que sofre" por meio da descoberta de fontes desconhecidas de sofrimento psíquico. O desejo sexual, segundo Paul, desempenha um papel particularmente proeminente nas narrativas terapêuticas.

"Para Freud, o impulso sexual era o motor da personalidade. Ele acreditava que homens e mulheres são bissexuais por natureza e dirigem seus impulsos sexuais para objetos diversos. Desta forma, a terapêutica não apenas obscurece as diferenças de gênero e abre amplo espaço para expressões sexuais atípicas, mas também enfraquece a distinção entre normalidade e patologia, tornando cada eu um neurótico numa eterna busca da 'saúde mental'."[2]

Paul explica a seguir que os valores terapêuticos centrais são *individualidade*, *autenticidade* e *liberação*. Sobre o primeiro, escreve: "É claro que, há muito tempo, os direitos individuais são o coração pulsante do credo americano. No entanto, a terapêutica transforma o tradicional individualismo americano em individualidade, casando o primeiro com uma sensibilidade romântica do eu como espírito único e criativo, cuja razão de existência é sua própria expressão."[3]

Para um personalismo baseado em valores terapêuticos, nossa razão de existir é a expressão: reconhecer, revelar e viver nosso eu autêntico a partir de nossos desejos pessoais, sobretudo os sexuais. Se o desenvolvimento pessoal depende da revelação e da expressão de uma identidade central que se identifica com nossas predileções particulares, a noção de que há no universo uma ordem moral deve ser rejeitada. Nessa estrutura, os tabus sociais que limitam nosso verdadeiro eu são um meio irracional de repressão.

Quanto menos convencional for o desejo sexual, mais potencial a pessoa terá para viver plenamente os valores terapêuticos já mencionados: individualidade, autenticidade e liberação. O valor terapêutico da autenticidade, que requer transparência total e desavergonhada do eu sexual, carrega maior valor se vier dotada de desejos menos ortodoxos. Esses desejos exigem maior contestação das normas sociais e, assim, dão origem a uma liberação maior na expressão do eu interior.

A cultura *queer* é o apóstolo mais eficaz dessa mudança – da repressão à libertação – exatamente por esse motivo. Isso explica a popularidade de expressões como "dar pinta" e por que as paradas do orgulho gay tendem a ser uma competição de quem se apresenta de forma mais bizarra e escandalosa.

---

[2] Darel E. Paul, "Under the Rainbow Banner", *First Things*, junho de 2020: <https://www.firstthings.com/article/2020/06/under-the-rainbow-banner>.

[3] *Ibid*.

O pensamento freudiano casou-se bem com a política identitária. O tecido conjuntivo entre os dois consiste em tomar a opressão (interna ou externa) e a libertação como a definição e o propósito da pessoa, respectivamente. Ceder a si mesmo não é apenas um direito humano, mas uma virtude.

Não demora muito para percebermos que uma forma de comportamento social baseada em paixões disparatadas inevitavelmente levará a injustiças em série. Nesse quadro, não há um princípio limitador objetivo que nos governe, mas apenas uma vontade bruta e furiosa. Tudo o que nos resta para resistir à inevitável colisão violenta das vontades concorrentes são os sermões corporativos sobre o consentimento e um sistema legal emasculado, desvinculado da natureza.

O princípio do prazer

O ego terapêutico é um afastamento radical do tradicional conceito de desenvolvimento humano. O cânone do pensamento ocidental, enraizado na antiga filosofia greco-romana, afirma que a virtude jaz no estabelecimento de certa harmonia entre a razão e a vontade e que a razão deve dirigir a vontade e elevar o homem da mera busca do prazer à condição de animal racional. Habituando-se à virtude, o homem pode começar a deleitar-se no bem em si, à medida que diminui a intensidade de sua guerra interior e ele alcança sua verdadeira liberdade no autodomínio. Nesta vida, o autodomínio nunca será conservado com perfeição; o pecado está sempre à espreita. No entanto, como percebe qualquer um que tenha se preparado com disciplina, dia após dia, para correr uma maratona, o que no início é doloroso e parece impossível torna-se mais factível e gratificante à medida que toma forma.

Para os *woke*, essa busca pela virtude moral é não apenas ingênua, mas prejudicial. Enraizados no conceito freudiano de "perversidade polimorfa", os humanos não conhecem nenhum tabu natural contra o prazer e buscam satisfação em todo e qualquer lugar, até que são ensinados (coagidos) na infância a sublimar a libido e o desejo de maneira artificial, em conformidade com as restrições sociais. A negação de nosso prazer é, por definição, um tipo de repressão que nos coloca no caminho da busca do que Marcuse chamou de princípio de desempenho, ou princípio de realidade. Para Marcuse, qualquer escolha em prol de um bem que esteja desalinhado com o desejo que sentimos é um sinal performático de nossa repressão interior. Ecoando Freud, ele acreditava que essa negação de nós mesmos em nome do desempenho é uma transição traumática da liberdade infantil da busca do prazer para a repressão da conformidade social, na qual o indivíduo se encontra dividido entre desejo consciente e subconsciente. A verdadeira liberdade, para Marcuse, exigia o retorno a um sistema de valores que reacendesse nossos desejos, especialmente o desejo sexual, e nos deixasse livres para persegui-los – livres dos tabus, dos costumes sociais e da vergonha.[4]

É bem verdade que uma pessoa pode se enredar numa espécie de busca performática da bondade. A bondade não passará de fingimento enquanto não se encarnar em nós. O fumante que abandona o vício se mantém, para não fumar, com o maxilar cerrado e os punhos tensos. A disciplina recém-descoberta não lhe proporciona prazer nenhum. Mas, no fim das contas, a mandíbula se solta e aquilo que lhe parecia irresistível começa a parecer repulsivo. Claro, a luta nunca termina de todo. Embora o poder do vício sobre nós possa diminuir à medida que crescemos em virtude, ainda assim devemos lutar para ir contra a corrente de nosso egoísmo.

Para Marcuse e os novos progressistas (que encontram no cristianismo progressista de Nadia Bolz-Weber), resistir aos desejos culmina numa sociedade performática e inautêntica. Essa sociedade é prejudicial à liberdade pessoal, pois afirma que há uma lei superior àquela lei do desejo

---

[4] Herbert Marcuse, *Eros and Civilisation*, Beacon Press, pp. 11–13

inscrita no coração de cada ser humano. Esta lei superior, a lei natural, deve ser negada a fim de que o homem se liberte e, assim, possa seguir os ditames de suas paixões.

A rejeição à lei natural

Um dos objetivos mais destrutivos do movimento *woke* é a rejeição indiscriminada de uma natureza humana constante e de uma concepção de lei baseada na razão, comumente chamada de lei natural. Segundo a lei natural, todas as coisas têm uma forma e um *telos* – um propósito no qual reside sua perfeição –, e a faculdade da razão pode analisar o mundo, discernir a natureza e os propósitos das coisas e encontrar verdades normativas com base nesse conhecimento e nessa compreensão. Ao chegar a entender o que é algo e para o que serve, podemos entender como devemos lidar com ele. O olho serve para ver; o ouvido, para ouvir; os pulmões, para respirar. Entendemos a saúde de cada um à luz de sua função: quão bem o olho vê? Quão bem o ouvido ouve? E isso se estende à pessoa humana. Existe uma natureza humana que perdura, e podemos, como seres racionais, conhecer verdades morais segundo o conhecimento do que é a pessoa.

A lei natural não é um mero conjunto de regras; ao contrário, é uma compreensão de que há inteligibilidade no mundo, bem como uma natureza constante dentro e ao redor de nós. Trata-se de olhar para o que somos, corpo e alma, e agir em harmonia com a nossa natureza. Ela serve como um guia racional para o comportamento individual, bem como referência para as leis que regem a sociedade.

É este *telos* que serve de medida para a saúde de algo, mas também para a nossa conduta pessoal e para determinar se uma lei humana é justa ou injusta. Martin Luther King Jr. abordou isso muito bem quando escreveu sua "Carta de uma cadeia em Birmingham":

> Poder-se-ia muito bem perguntar: "Como você pode defender a violação de algumas leis e a obediência a outras?" A resposta está no fato de que existem dois tipos de leis: as justas e as injustas. Eu seria o primeiro a defender a obediência às leis justas. Cada pessoa tem uma responsabilidade não apenas legal, mas também moral, de obedecer às leis justas. Por outro lado, há também a responsabilidade moral de desobedecer às leis injustas. Eu concordaria com Santo Agostinho quanto a que "uma lei injusta nem sequer é uma lei".
>
> Ora, qual é a diferença entre as duas? Como determinar se uma lei é justa ou injusta? Uma lei justa é um código criado pelo homem que se ajusta à lei moral ou à lei de Deus. Uma lei injusta é um código que está em desacordo com a lei moral. Usando as palavras de São Tomás de Aquino: uma lei injusta é uma lei humana que não está enraizada na lei eterna e na lei natural.[5]

Outro exemplo da aplicabilidade e indispensabilidade da lei natural vem dos julgamentos de Nuremberg. Após a Segunda Guerra Mundial, os Aliados estabeleceram tribunais em Nuremberg, na Alemanha, para processar oficiais nazistas. O tribunal internacional rejeitou qualquer defesa que dissesse que o acusado apenas seguira ordens de seus superiores. O fato de esses oficiais estarem seguindo os ditames da lei humana era insuficiente como defesa num caso em que o conflito entre a lei humana e a lei natural era tão grande. Somente a partir do reconhecimento de uma lei superior seria possível responsabilizar os oficiais do nazismo.

Para o *woke*, a lei natural é uma ameaça existencial, uma vez que serve como autoridade e meio de opressão para o autêntico eu. O ideólogo que não quer distinguir entre uma lei superior e uma humana descarta a primeira e corrompe a segunda. Para ele não existe lei eterna ou lei natural, mas apenas o desejo e a lei humana. Ora, uma lei meramente humana, separada da lei natural, se baseia apenas na vontade de quem quer que esteja no poder.

---

[5] Martin Luther King Jr., "Carta de uma cadeia em Birmingham", 16 de abril de 1963: <https://www.africa.upenn.edu/Articles_Gen/Letter_Birmingham.html>.

Quando perguntaram ao presidente Abraham Lincoln se ele estava confiante de que Deus se encontrava do seu lado, ele respondeu, no que contrasta com essa visão *woke*: "Meu senhor, não me preocupo se Deus está ou não do nosso lado; minha maior preocupação é estar do lado de Deus, pois Deus está sempre certo."

A própria natureza divina implica uma ordem moral inteligível para o universo, e negar essa ordem é semelhante a negar a gravidade. Podemos passar algum tempo em queda livre, mas em algum momento a física espiritual exigirá que toquemos o chão.

Na cabeça do manifestante da Azusa Pacific University, defender a pessoa oprimida, cujo relacionamento homossexual era proibido no *campus*, é um ato cristão de amor. E é aqui que a ideologia *woke* tem sido eficaz: o esforço para entender o bem e o mal através do filtro da opressão de grupo tem sido tão convincente que não mais julgamos possível evocar uma lei moral objetiva. A própria lei moral é uma repreensão ao identitarismo, e por isso deve ser negada.

Em seu prefácio a um livro de 2018 escrito pela ativista transgênero Sarah McBride, Joe Biden ecoou o ideal do ego terapêutico: "Estamos num ponto de inflexão na luta pela igualdade transgênero, tópico que chamei de 'a questão dos direitos civis do nosso tempo'. E não se trata apenas de uma questão de identidade singular, mas de libertar a alma da América das restrições do fanatismo, do ódio e do medo, e de abrir os corações e mentes das pessoas para o que nos une a todos."[6]

Essa guinada em direção a uma sociedade aparentemente mais branda e compassiva não fica isenta de grande perigo. A lei natural, uma vez rejeitada, é substituída por sentimentalismo e pragmatismo. Qualquer ação má pode, então, ser justificada se pudermos dizer que a realizamos em prol de um fim louvável. E este é um consequencialismo

---

[6] Joe Biden, no prefácio a Sarah McBride, *Tomorrow Will be Different: Love, Loss, and the Fight for Trans Equality*, Three Rivers Press, 2019.

moral perigosíssimo. Uma vez que decidimos que o mal pode ser feito em prol de algum bem, acabamos por negar a realidade do mal intrínseco e minamos a arquitetura intelectual de nosso sistema moral.

O bispo Robert Barron fala sobre a inevitável violência que se segue ao abandono da crença no mal intrínseco. "Um exemplo muito instrutivo deste princípio é o Terror posterior à Revolução Francesa", escreve. "Como, sem dúvida, injustiças tremendas eram cometidas contra os pobres pela classe aristocrática na França do século XVIII, qualquer um considerado inimigo da revolução era, sem distinção ou discriminação, arrastado à guilhotina. Pouco importava se inocentes morriam ao lado de culpados, pois suas mortes serviam para a construção da nova sociedade."[7]

O consequencialismo moral levou às piores atrocidades que o mundo já conheceu, e no entanto fomos doutrinados a acreditar que é a moralidade ortodoxa que está do lado do ódio. Madre Teresa não teria passado neste teste de "amor", nem Mahatma Ghandi ou mesmo o Barack Obama de 2012, que defendeu o conceito de casamento como união entre um homem e uma mulher. Intimidados por essa demagogia, que cresceu em velocidade e beligerância, muitos cristãos permaneceram em silêncio por medo de serem rotulados de *haters*. Os cristãos têm trocado o remédio da compaixão vinculada à verdade por uma mentira venenosa que assume a aparência de um bálsamo.

Alexander Soljenítsin disse aos estudantes americanos, no discurso que proferiu em Harvard no ano de 1978: "Passei toda a minha vida sob um regime comunista, e direi que uma sociedade sem qualquer escala legal objetiva é realmente terrível. Mas uma sociedade sem outra escala além da legal também não é digna do homem."[8]

---

[7] Robert Barron, "Why we can't do evil even if good may come", *Angelus*, 6 de maio de 2020.: <https://angelusnews.com/voices/why-we-cant-do-evil-even-if-good-may-come/>.

[8] Alexander Soljenítsin, "A World Spilt Apart", 8 de junho de 1978: <https://www.solzhenitsyncenter.org/a-world-split-apart>.

Porque vivera e fora aprisionado por uma sociedade que abraçara totalmente a mentira de que podemos abandonar a lei natural, Soljenítsin sabia que a autonomia, quando esvaziada do conteúdo moral, não conduz à liberdade, mas ao desespero e à violência.

Mudando a natureza humana

Um mês antes da morte de Mao Tsé-Tung, um porta-voz chinês declarou: "Nossos amigos ocidentais às vezes dizem que estamos tentando mudar a natureza humana; e, do ponto de vista deles, estão certos... A nosso ver, não existe natureza humana, mas apenas natureza de classe."[9] Seu objetivo não era outro senão criar o novo homem maoísta.

No último de uma série de artigos sobre sua estada na China em 1976 e sobre a visão maoísta do novo homem, Robert L. Bartley, editor do *Wall Street Journal,* escreveu que a promessa desse homem maoísta consistia em erradicar nossa natureza humana fundamental, para fosse então reconstruída e despojada de toda ganância. Os novos trabalhadores maoístas não se importariam com seu pagamento, mas seriam motivados puramente pelo bem coletivo. No novo homem não existiria nem qualquer orgulho, nem o correspondente desejo de se elevar acima de sua condição na vida ou da condição de seus colegas de trabalho. Na verdade, nessa sociedade ideal, haveria poucos elementos a distinguir um homem do outro, e por isso todos marchariam juntos. "Mesmo a longo prazo, é claro, resta o problema de quais instrumentos pôr no lugar da ganância e do orgulho. A melhor, e que em alguns momentos da história realmente funcionou, é a paixão religiosa", escreveu Bartley. "A República Popular da China, sendo declaradamente marxista, é obviamente antirreligiosa. Mas, em torno

---

9 Robert L. Bartley, "Mao: The Romantic Revolutionary", *The Wall Street Journal*, 20 de outubro de 1976: <https://www.wsj.com/articles/SB959818512690152154 4>.

de Mao, foi construída uma religião secular, com seu livro vermelho fazendo as vezes de Bíblia e tudo. O forte de sua viúva, Chiang Ch'ing, era transformar toda cultura e todo entretenimento numa doutrinação constante na religião da China e de Mao."[10]

Sem a religião, que busca conter internamente a ganância e o orgulho, o novo homem maoísta teria de ser controlado externamente, por meio da força e do medo. Substituindo Deus, o partido gerou uma nova religião de Estado. Bartley notou que o caminho até o novo homem estava apinhado de horrores. "Quando a revolução foi consumada, houve mortes; debate-se acerca de quantos milhões... Não é surpreendente que um revolucionário político que se propõe a elevar o homem acabe degradando-o. A mesma coisa já aconteceu antes. Na verdade, é o que sempre aconteceu."[11]

A força do movimento maoísta e sua semelhança ideológica com o atual movimento *woke* é impressionante. Pode parecer inacreditável que possamos trilhar tal caminho, mas, repetidas vezes, a história nos mostra que os seres humanos são capazes de males até então inimagináveis, sobretudo se, sedentos de sentido, lhes são dados um alvo para seu ódio e a convicção de que este ódio é justo.

De fato, a conexão entre as duas ideologias fica clara se pensamos na maneira como alguns comunistas se sentiram à vontade junto aos progressistas. Quando o comunismo caiu na Polônia, muitos camaradas leais tiveram grande facilidade em se tornar progressistas europeus. "A falsa premissa que anima ambas as ideologias é a mutabilidade da natureza humana. O progresso em direção a um objetivo utópico é medido pela quantidade de pessoas que tiverem assumido essa nova natureza humana", escreve Carrie Gress. Tão logo essa nova natureza tenha sido assumida por todos, explica Gress, haverá felicidade mundial. "Até lá, precisaremos 'quebrar alguns ovos'. A única

---

10 *Ibid.*
11 *Ibid.*

solução concebível, do ponto de vista deles, está contida em uma adesão inabalável ao partido. Se fracassos ideológicos (como fome, miséria, caos etc.) se manifestarem, a culpa será atribuída ao fato de a ideologia não ter sido abraçada por todos."[12]

Nos Estados Unidos, essa ideia de que a natureza humana é uma espécie de argila que podemos moldar à vontade foi notoriamente consagrada pelo juiz Anthony Kennedy, da Suprema Corte, em especial no caso "Planned Parenthood v. Casey", de 1992. "No coração da liberdade está o direito de definir o próprio conceito de existência, de sentido, do universo e do mistério da vida humana." Ecoando esse sentimento, Hillary Rodham Clinton escreveu que seu objetivo estava em "reformar a sociedade redefinindo o que significa ser humano no século XX".[13]

Curiosamente, essa desconstrução radical do humano se aplica apenas a certas categorias de opressão. A natureza deve ser transformada e as distinções erradicadas quando tal natureza e tais distinções trazem consequências morais centrais para a própria base da civilização, como a família. É por isso que as diferenças entre homem e mulher são confundidas e diminuídas, enquanto as diferenças entre as etnias são exageradas e amplificadas. O escritor Michael Liccione observa esse dogma ortodoxo dos *woke*, apontando que, para eles, os conceitos de sexo e gênero devem ser desconstruídos de modo a se fazer justiça às mulheres e pessoas *queer*, ao passo que o conceito de raça deve ser reificado a fim de fazer justiça às pessoas negras. "Assim, realidades que são incontornavelmente importantes na vida humana devem ser culturalmente dissolvidas, e uma realidade geneticamente insignificante deve ser culturalmente reforçada por meio de políticas de identidade. Nem uma coisa nem a outra, é claro, acabam bem."[14]

---

12 Carrie Gress, *The Anti-Mary Exposed*, TAN Books, 2019, p. 54.
13 Hillary Clinton, *Living History*, Simon and Schuster, 2003, p. 161.
14 Michael Liccione, Facebook, 18 de junho de 2020.

Suprimir as distinções entre homens e mulheres acaba por transformá-los em inimigos, pois sua biologia exige o reconhecimento dessas distinções, que se refletem de maneira crucial no relacionamento entre os dois. Uma vez que as realidades biológicas e sexuais perdem o sentido, a conduta entre homens e mulheres se desfaz, e o fardo desse colapso recai muito mais sobre as mulheres (e crianças), que são biológica e psicologicamente mais vulneráveis. Certos deveres e certas reverências se devem às mulheres especificamente por causa de tais vulnerabilidades. Uma vez que os homens são eximidos desse dever, o fundamento do respeito mútuo entre os sexos é eliminado. O homem se torna grosseiro; a mulher, endurecida.

Em contraste com as distinções sexuais entre homens e mulheres, as diferenças de origem étnica não apontam para nenhuma distinção real ou necessária nos relacionamentos. Enquanto desenfatizar a diferença entre os sexos leva ao distanciamento, desenfatizar as diferenças entre as etnias tende a levar à amizade.

Em ambos os casos, a ideologia *woke* busca o caminho do estranhamento. Enfatizar e conservar um contraste étnico na vanguarda de nossos pensamentos, ações e instituições põe as raças umas contra as outras. Para criar a divisão que a ideologia *woke* deseja, as diferenças entre os sexos devem ser negadas e aquelas entre as etnias devem ser exageradas, a fim de que os inimigos se ponham em trincheiras tanto mais fundas quanto mais amplas forem as categorias humanas a que pertençam.

Muitas vezes, manifesta-se certa resistência interna em quem tenta subjugar a própria natureza enquanto homem ou mulher. Os revolucionários do sexo masculino na década de 1960 testemunham ter ficado envergonhados por não serem capazes de superar facilmente seus instintos heterossexuais. Decerto eles pensaram que, se não estavam inclinados a fazer sexo com outros homens, era por causa da repressão burguesa. No livro *Underground,* Mark Rudd escreve sobre um casal que, na década de 1960, abriu sua casa para ele e um colega radical em apoio à causa. Certo dia, quando o marido saiu para trabalhar, os dois convidados foram para a cama com sua esposa. Num esforço para aliviar sua persistente culpa, ambos se lembravam de que na verdade a estavam libertando, isto é, livrando-a do desespero de uma vida burguesa. O escritor Paul Kengor conta que, apesar de o marido ter ficado chateado ao saber o que havia acontecido, a esposa depois "resmungou para Rudd alguma bobagem freudiana-marxista, algo sentimental e triste, alegando que ela 'gostava de seu novo eu' e 'se sentia livre de sua velha opressão'. Havia se livrado dos laços do patriarcado."[15] A revolução exigia não apenas a rejeição da heterossexualidade, mas também da fidelidade.

Uma manifestação contemporânea dessa tentativa de superar o chamado condicionamento interno repressivo se dá no constrangimento imposto a homens heterossexuais que não queiram dormir com "mulheres" transgênero ao descobrirem que biologicamente são homens. A ideologia sustenta que a pessoa trans, apesar de ter biologia masculina, é de fato uma mulher caso assim ela se identifique e que qualquer coisa que não seja a plena afirmação dessa identidade se funda no estigma social e na intolerância. Portanto, o homem hétero que, com base nesse fato biológico, rejeita uma pessoa trans como candidata à intimidade é certamente intolerante.[16]

A exemplo de Hegel e Marx antes deles, os *woke* sustentam que estamos num processo de contínua transformação da natureza humana rumo a um estado futuro ideal, cabendo a cada um de nós estar do lado certo nessa marcha da história. A revolução alcança cada indivíduo, recriando-o de acordo com a visão dos revolucionários. Em seu livro sobre a consciência, o Papa Emérito Bento XVI, então Cardeal Ratzinger, escreveu sobre essa mudança: "O conceito

---

15 Paul Kengor, *Takedown*, WND Books, 2015, p. 147.
16 Jonathan Griffin, "India Willoughby: Is it discriminatory to refuse to date a trans woman?", *BBC News*, 12 de janeiro de 2018: <https://www.bbc.com/news/blogs-trending-42652947>.

de verdade foi virtualmente abandonado e substituído pelo conceito de progresso. O próprio progresso é a verdade. Mas, por meio dessa aparente exaltação, o progresso perde sua direção e se anula. Pois, se não existe direção, tudo pode tanto regredir quanto progredir."[17]

A verdade, para o progressista, não é determinada por quem está certo, mas por quem venceu. Sob a mendacidade pós-moderna, o ego terapêutico exalta a vontade acima da razão e da natureza. A pessoa deve ser nada para ser alguma coisa.

---

[17] Joseph Ratzinger, *On Conscience: Two Essays*, Ignatius Press, São Francisco, 2007.

6
O poder acima da autoridade

Num famoso ensaio, Mao Tsé-Tung escreveu que os homens na China eram submetidos ao domínio de três sistemas de autoridade: o político, o familiar e o religioso. As mulheres, afirmou, além de serem dominadas por esses três sistemas de autoridade, também eram dominadas pelos homens, graças à autoridade do marido. "Essas quatro autoridades – política, familiar, religiosa e masculina – são a personificação de toda a ideologia e todo o sistema feudo-patriarcal, e são as quatro cordas grossas que manietam o povo chinês, particularmente os camponeses."[1]

Como sinal de seu afastamento dessas amarras autoritárias, Mao escreveu sobre a necessidade de os camponeses derrubarem os latifundiários, que segundo ele eram a espinha dorsal de todos os outros sistemas de autoridade. Com a derrubada da autoridade política dos latifundiários, afirmava Mao, a autoridade da família, da religião e do marido começaria a vacilar. À medida que as economias oscilassem, mais esposas precisariam trabalhar, levando a uma menor dependência da estrutura patriarcal da família. À medida que a autoridade familiar se erodisse, o mesmo aconteceria com a autoridade religiosa.

O ensaio foi escrito para endossar e encorajar a incipiente revolta camponesa e para conferir legitimidade moral

---
[1] Mao Tsé-Tung, "Report on an Investigation of the Peasant Movement in Hunan", em *Selected Works of Mao Tse-Tung*, vol. I, pp. 44–46.

ao uso da violência que haveria de esmagar a hierarquia política e a disparidade econômica. O monstruoso legado que hoje vemos em retrospecto seguiu, previsivelmente, o mesmo padrão comum às repetidas implementações da ideologia marxista: supressão de informações, destruição da história cultural e da iconografia, uniformização compulsória do discurso, prisão de dissidentes, campos de trabalho, fome generalizada e um número de mortos de aproximadamente 65 milhões – tudo isso para impor, em nome da igualdade e da justiça, uma ordem política coletivizada.

Bom marxista que era, Mao via, como motores sistêmicos da injustiça, o capitalismo e a propriedade privada: têm, afinal, a desigualdade como resultado. Para corrigir essa desigualdade, ele sabia que precisava de um campesinato enfurecido e violento. O Partido Comunista Chinês indicava a classe dos cidadãos com tiras de tecido que se diferenciavam pelas cores: branco para os proprietários, amarelo para os camponeses de condição mediana e vermelho para os camponeses pobres. Isso serviu para ajudar as pessoas a verem umas as outras como totens de sua identidade de grupo e a identificar que indivíduos mereciam retribuição por sua classe de origem.

Os líderes do partido orquestraram "sessões de luta" a fim de corrigir e dissuadir qualquer dissidência entre o povo. Os suspeitos de nutrir velhas ideias eram submetidos a repreensões e censuras públicas e forçados a confessar infidelidades à revolução e ao Estado. Realizaram-se, também, campanhas para "expressar amarguras", nas quais os camponeses pobres eram encorajados a repreender aqueles de classe mais alta e falar sobre como haviam sido feridos no passado, ao passo que os opressores permaneciam em silêncio. O ressentimento dos camponeses foi ferozmente alimentado pelo partido, e sua amargura era expressa com veemência, às vezes entre soluços e gritos de dor. Essas campanhas geralmente terminavam em violência ou na execução cerimonial de algum proprietário.

Todavia, como Mao dissera em seu ensaio, o alvo final era o próprio conceito de autoridade. Templos foram esvaziados, depredados e às vezes destruídos. Paramentos e livros religiosos acabaram por ser queimados. Cristãos viram-se expulsos de suas casas, obrigados a usar chapéus de burro e a viver em condições miseráveis. Bispos, padres e freiras foram levados a campos de trabalho forçado. Um padre foi jogado no fogo depois de, torturado, desmaiar. A irmã Zhang Ergu se recusou a pisotear uma imagem da Santíssima Virgem Maria e foi espancada com paus até a morte.[2]

A sessões de luta nos tempos modernos

Hoje, os Estados Unidos estão sendo varridos pelo fogo e pela fúria de uma longa revolução cultural que se transformou em meses de violência e protestos nas ruas. O público circunstante é abordado por turbas enfurecidas, que exigem dele um punho levantado ao ar em apoio ao *Black Lives Matter*. Multidões com megafones invadem bairros residenciais no meio da noite, gritando palavras de baixo calão para os residentes literal e figurativamente "despertarem". Outros cantam: "Morte à América!" A exemplo dos revolucionários na China maoísta, suas balizas movem-se rapidamente da justiça para a vingança e, daí, para a abolição – da polícia e, por fim, da autoridade mesma. Longe de serem fenômenos alheios que por acaso ocorrem ao lado dos protestos e motins, a decapitação de imagens de Jesus e Maria e a vandalização de igrejas são essenciais para os objetivos da revolução. As estátuas não serão o último alvo; o alvo final de seus ataques é o sumo Autor, cuja autoridade eles jamais reverenciarão.

Há também o trabalho mais clínico da revolução: o ensino da teoria crítica da raça em escolas, empresas e agências

---

[2] Sergio Ticozzi, "The persecution of Catholics during the Cultural Revolution", *AsiaNews*, 17 de maio de 2016: <http://www.asianews.it/news-en/The-persecution-of-Catholics-during-the--Cultural-Revolution-37513.html>.

governamentais. O jornalista Chris Rufo expôs uma grande quantidade de registros públicos que documentam, com detalhes, as sessões em que funcionários são treinados nas doutrinas *woke*. Em instâncias que vão da Reserva Federal ao Departamento do Tesouro, os instrutores de diversidade ensinam os funcionários a jurar sua aliança.

Em 2019, funcionários brancos do Sandia Nuclear Lab foram enviados para uma oficina reeducativa obrigatória, com duração de três dias, intitulada "Convenção de Homens Brancos para a Eliminação do Racismo, Machismo e Homofobia nas Organizações". Ao longo da oficina, eles foram treinados para entender que o que consideram atributos positivos, como o "esforço pelo sucesso", o "trabalho duro" e a "autoconfiança", na verdade está enraizado numa cultura masculina, branca e opressiva, sendo motivo de desgraça para as mulheres e os negros. Noutra sessão, foram instruídos a recitar publicamente alguns exemplos de seu privilégio masculino e branco; em seguida, tiveram de escrever cartas para seus colegas de trabalho que não eram homens e/ou brancos, nas quais confessavam seu privilégio e prometiam sua aliança.[3]

No comando de grande parte desses treinamentos está o consultor privado de diversidade (e homem branco) Howard Ross. "Ross, que criou o treinamento, é uma peça do que pode ser chamado de 'complexo industrial da diversidade'."[4] Nessas oficinas, funcionários do governo federal são instruídos a combater seu suposto racismo interior, o qual é evidenciado pela pigmentação de sua pele. Pede-se aos gerentes brancos que criem espaços seguros para que os funcionários negros sejam "vistos em sua dor". Os funcionários brancos são instruídos a ficar em silêncio e fornecer solidariedade incondicional, bem como a suportar o

---

[3] Christopher F. Rufo, "Nuclear Consequences" (blog), 12 de agosto de 2020: <https://christopherrufo.com/national-nuclear-laboratory-training-on-white-privilege-and-white-male-culture/>.

[4] Christopher F. Rufo, "'White Fragility' Comes to Washington", *City Journal*, 18 de julho de 2020: <https://www.city-journal.org/white-fragility-comes-to-washington>.

desconforto da percepção de seu próprio racismo. Ross cobrou do governo federal mais de cinco milhões de dólares em honorários pela consultoria racial, bem como por oficinas sobre poder, privilégio e orientação sexual. Talvez o mais assustador seja que, ao fim do treinamento, se exorte para que aquele conteúdo seja levado às famílias. A partir dos três anos de idade, dizem os funcionários, seus filhos internalizam as narrativas de dominação e precisam começar a aprender a teoria crítica.[5]

Como escreveu um radical dos anos 1960: "A questão nunca é a questão. A questão é sempre a revolução."[6] O poder tirânico só fica mais fácil quando se reeduca a população para que esta sinta uma raiva justa de alguns e aceite, com silêncio e docilidade, outros. Os arquitetos e agentes da ideologia exploram as simpatias e medos das massas, chegando a exigir a suspensão de suas liberdades e a buscar o poder do Estado para corrigir suas circunstâncias.

Autoridade e paternidade

Autoridade tornou-se uma palavra carregada – seja a autoridade do pai e da mãe, seja a autoridade de Deus ou da religião. Mesmo a reverência devida à história e aos nossos ancestrais é tratada por muitos com pouco zelo – na melhor das hipóteses – ou com total desprezo, quiçá até com violência. A destruição de estátuas e a iconoclastia que costumam preceder as revoluções não são acidentais, mas parte da necessária reprogramação que deve ocorrer para que um novo homem e uma nova sociedade se ergam das cinzas.

É um instinto natural, diante de uma injustiça titânica (real ou imaginária), querer queimar tudo em vez de remodelar o que quer que seja. Na intemperança da raiva,

---

5 *Ibid.*

6 "The Issue in Never the Issue", *Ruth Institute*, 11 de agosto de 2011: <http://www.ruthinstitute.org/ruth-speaks-out/the-issue-is-never-the-issue>.

rejeita-se o cinzel: quer-se a marreta. O perigo está no fato de a marreta ser obtusa e não admitir nuances. Ao destruir, ela leva consigo a inocência e a autoridade, sem se importar com o que preencherá esses vazios.

Uma mudança no regime ideológico não é tanto a rejeição de um particular quanto a rejeição de uma totalidade. Em nossa febre progressista, não é um livro antigo o que destruímos, mas a reverência pelos livros antigos em geral. Não insultamos, naquele santo, sua imagem e memória, mas destruímos completamente o conceito de santidade. A iconoclastia se dirige não apenas ao mármore e ao bronze, ao papel e ao texto, mas também aos ícones da família e da religião, e isso se dá de modo mais eficaz na medida em que se toma como alvo o papel da paternidade – humana e divina.

Duas são as versões comuns da autoridade social: a autoridade de ofício e a autoridade do conhecimento. Quando falamos de alguém que tem autoridade em virtude de seu ofício, queremos dizer que ele recebeu seu encargo de algum poder superior. Quando falamos de alguém que tem autoridade para ensinar, queremos dizer que goza de um conhecimento superior ou da capacidade de julgar. Em ambos os casos, o poder é concedido e fundamentado em algo mais elevado.

A verdadeira autoridade deve ser diferenciada do autoritarismo. Este último é um tipo de submissão cega e sem princípio à autoridade, um entrave à liberdade de pensamento e ação. No governo, os líderes autoritários muitas vezes exercem o poder sem levar em consideração as leis existentes ou superiores; fazem-no, antes, segundo o capricho de sua vontade. Pouco – ou nada – suportam ser contrariados.

O autoritarismo é distinto e contrário à verdadeira autoridade. Ainda assim, Theodor Adorno, da Escola de Frankfurt, procurou confundir os dois e patologizar o conceito de autoridade com o que chamou de escala F, em que o *F* significa *fascismo*. De acordo com a escala F, a participação numa estrutura familiar tradicional ou a participação numa religião evidenciam uma personalidade autoritária problemática e a propensão ao fascismo. A crença na autoridade dos pais ou na autoridade religiosa revela uma opressão internalizada, uma profunda necessidade de auxílio terapêutico e uma disposição fascista.[7] A maioria de nós não está familiarizada com a Escala F de Adorno, mas a própria cultura nos ensinou a "questionar a autoridade" – o que pode ser um bom instinto quando usado como proteção contra a aceitação cega de pessoas ou instituições que merecem ser abordadas com uma saudável dose de ceticismo.

Pelo fato de haver inúmeros exemplos de pessoas que abusam de sua autoridade, nosso relacionamento com a autoridade pode ficar prejudicado. Para muitos, é difícil entender a paternidade como um ícone natural de autoridade quando, por décadas, ela foi minada por fora e por dentro.

No entanto, mesmo com exemplos pessoais ruins, a maioria das pessoas pressente o que deveria acontecer. Por exemplo, em paralelo à sua resistência quanto à autoridade paterna, a maior parte das pessoas ao menos é capaz de raciocinar sobre como deve ser uma paternidade boa, e isso pode (e deve) ser uma indicação do que a autoridade deveria ser. Um bom pai impõe disciplina – não para controlar, mas pelo bem da liberdade – sabendo que os limites vêm, em primeiro lugar, do autodomínio. Um bom pai capacita seus filhos a se tornarem independentes e assumir responsabilidades. Em contraste, um pai tirânico usa a disciplina para manipular e controlar, mantendo seus filhos com medo e excessivamente dependentes.

Certa vez, quando eu estava conversando com uma avó forte, amorosa e politicamente progressista sobre suas interações com os netos, ela observou, com perplexidade, que não importava o quanto ela e o vovô pudessem ser semelhantes em seus modos de interagir com eles: havia uma inevitável autoridade que o vovô parecia exercer sobre as crianças – e ela não. Talvez fosse sua voz mais grave e masculina, refletiu ela, ou sua altura imponente... No entanto, isso

---

[7] *Ibid.*

parecia tão inevitável quanto não intencional. Não era algo que as crianças tivessem aprendido, mas algo que intuíam e que sugere que os pais atuam ícones de autoridade.

Os pais gozam de uma autoridade natural e oportuna sobre seus filhos. Sua autoridade é de ambos os tipos: reflexo de um encargo que vem de cima e da posse de um conhecimento superior que há de ser transmitido aos seus descendentes. Eles têm conhecimento não apenas do mundo ao seu redor, mas também das necessidades específicas de seus filhos. Trata-se de um conhecimento adquirido na intimidade da vida familiar, algo que um vizinho de rua não tem. Eles são obrigados, pelos laços de seu relacionamento, a estar intimamente interessados no bem de sua prole – e é essa intimidade e obrigação que torna tão devastador o abuso do papel paterno. Esses abusos, porém, são um estímulo para reformar, e não abolir, a autoridade dos pais.

Em seu livro *The Beginning of Wisdom*, Leon Kass escreve: "Até ontem, o pai era uma figura de autoridade para todos os meninos. Essa autoridade decerto era compartilhada com a mãe, mas o pai era a figura imponente. Seu tamanho e sua força superiores prometiam segurança; sua voz firme estabelecia as regras e definia uma ordem confiável; sua instrução paciente incentivava o crescimento."[8]

É segundo essa compreensão da paternidade que Kass analisa a história de Noé e Cam. Noé, o pai de Cam, tendo salvado a civilização do dilúvio e feito uma aliança com Deus, cultiva uma vinha; no entanto, ao alegrar-se em sua prosperidade, perde a moderação e embriaga-se a ponto de desmaiar. Cam o descobre, bêbado e nu, dormindo em sua tenda. Isso representa uma grande degradação: a embriaguez roubara suas faculdades racionais e a nudez, sua dignidade diante de seu filho. Ele parece como pouco mais que um animal. Se os irmãos de Cam reagirão a essa indignidade cobrindo o pai, Cam, em contraste, parece se deliciar com o quadro, correndo para expor a seus irmãos a vergonha dele. Cam,

---

[8] Leon Kass, *The Beginning of Wisdom*, University of Chicago Press, 2006, p. 199.

simbolicamente, depôs seu pai como fonte de autoridade. Sobre isso, Kass escreve: "Ele é deposto precisamente ao ser reduzido a uma mera fonte masculina de sêmen. Está eliminado o pai como autoridade, como guia, como mestre de lei, costumes e estilo de vida. Cam vê e celebra apenas o fato natural e mais simples do sexo; está cego para tudo o que torna possível a transmissão e a criação."[9] Cam vê seu pai em seu estado mais básico, despojado do sentido mais profundo da paternidade, para o qual sua biologia deveria apontar.

Noé agiu contra os fundamentos naturais de sua autoridade ao portar-se de forma inadequada à dignidade de seu papel e à obrigação de ser mais sábio. Por ser tão grandioso na realidade e na imaginação de seus filhos, um pai pode inspirar admiração e medo. Esta é uma posição poderosa e um fardo pesado, com grande perigo de abuso, mas também potencial para um grande heroísmo. É por isso que cultivar cavalheiros é um imperativo social. O homem verdadeiramente poderoso é o homem santo, e a santidade é gentil e forte. Vimos que a mera autoridade humana, em sua falibilidade, muitas vezes não basta para a transmissão de uma educação moral duradoura. No mínimo trata-se de uma pedra precária demais para nos suportar em pé. Em determinado momento, todo mundo se assusta ao ver seu pai como um ser humano comum e imperfeito. Na condição de um papel profundamente simbólico, destinado a remeter a criança à autoridade e ao amor de Deus, a revelação da humanidade imperfeita do pai pode ser apropriadamente contextualizada segundo a natureza decaída comum a toda a humanidade. Esse contexto nos aponta para a necessidade suprema de um Deus amoroso. Desprovida desse contexto, a revelação das falhas de um pai que um dia foi reverenciado pode ser catastrófica. A desconfiança e o cinismo que talvez se sigam ao desencantamento de alguém por seu pai podem facilmente desaguar em desconfiança e cinismo diante de *toda* autoridade, e até mesmo da própria lei.

---

9 *Ibid.*, p. 206.

Kass astutamente observa: "Os que gostariam de viver sem lei estão destinados a viver na escravidão; os que querem 'denunciar' a autoridade tornam-se incapazes de exercer qualquer autoridade e se veem forçados a viver sob o governo alheio; os que negam a ideia de pacto são obrigados a aceitar o governo do mais forte – isto é, escravidão e tirania –, precisamente aquilo que o estado de direito foi instituído para evitar."[10]

Ao tornar a paternidade opcional, neutralizamos sua essência e injetamos o caos em nossa compreensão da lei e da hierarquia como um todo. O revolucionário sabe que, ao mirar na paternidade, fere mortalmente a autoridade na cultura inteira. Qual uma criança, a cultura privada de um pai procura preencher esse vazio. Os que sofreram a ausência do pai, privados como ficam de qualquer autoridade real em suas vidas, são os primeiros a ceder ao controle do autoritarismo.

Autenticidade

Existe uma conexão etimológica entre autoridade e autenticidade. A palavra *autêntico* vem do grego *authentikos*, que significa "original, genuíno, principal", e de *authentes*, "alguém que age por sua própria autoridade". Deus, como autor de todo ser, é o único cuja autoridade não é derivada. Qualquer um de nós, se tiver autoridade genuína, tem-na enraizada, de alguma forma, no alto. Para que um ser criado tenha autoridade, ele deve estar sujeito à autoridade. Um autor ou professor adquiriu um conhecimento superior ao qual está sujeito. Um policial tem autoridade no cargo e é limitado pela lei: não é o senhor dela. Uma lei humana só tem autoridade na medida em que se conforma a uma lei superior. Os pais são a origem de seus filhos, mas também são filhos.

---

10 *Ibid.*, p. 211.

A palavra *autenticidade* hoje é uma palavra da moda que pode ter diferentes implicações. Por um lado, pode nos exortar a que rejeitemos certo tipo de perfeccionismo destrutivo que leva a enfatizar a virtude performática, mas oculta o vício e permite que ele nos infeccione. Nesse sentido, ser autêntico é semelhante a ser sincero; preferimos, em vez de escondê-las, revelar nossas imperfeições àqueles a quem devemos mostrá-las: um confessor, um cônjuge, amigos íntimos. Esta é uma parte boa e necessária do crescimento espiritual e moral.

Uma compreensão atual e mais difundida da autenticidade, que decorre principalmente da cultura terapêutica, diz que ela consiste em apresentar como medalha de honra o que tradicionalmente seria considerado uma falta ou pecado. Esse conceito de autenticidade visa nos libertar da prisão dos tabus sociais que, de outra maneira, nos forçariam a uma vida de dissimulação e hipocrisia.

Este último sentido de autenticidade é um corolário do ego terapêutico e também está integrado, de forma mais geral, à experiência da opressão. James Lindsay escreve: "Pode-se dizer que uma pessoa tem uma 'autêntica voz negra' (no âmbito da questão do racismo, em particular), mas nenhum negro que fale contra a teoria ou suas conclusões seria um candidato a tal denominação."[11] Em vez disso, esse negro seria acusado de falta de autenticidade, de falsa consciência e de opressão internalizada. Para os *woke*, ser autêntico é estar alinhado à teoria crítica *woke*.

Entender o uso *woke* da palavra *autenticidade*, explica Lindsay, é entender que "a teoria existe para identificar, expor, descrever, problematizar, interromper, desmantelar e desconstruir [dinâmicas de poder]. Isso é tudo o que a teoria faz, e assim a ideia de autenticidade dentro da Teoria deve de alguma forma proceder dessa compreensão".[12]

---

11 James Lindsay, "Authentic", *New Discourses*, 25 de junho de 2020: <https://newdiscourses.com/tftwauthentic/>.

12 *Ibid.*

Dois entendimentos muito diferentes e reveladores surgem dos usos aparentemente benignos e distintos da palavra *autêntico*. Para o *woke*, tornamo-nos autênticos ao nos conformarmos e transmitirmos nossas tendências e ao conformarmos nossas crenças e sua defesa à teoria *woke*. Em outras palavras, a autenticidade é baseada no deus-eu ou no deus da ideologia. Para o cristão, tornar-se autêntico é resultado de lutar contra o pecado com sinceridade, conformando a mente e a vida a Deus. Nossa autenticidade está ligada à autoridade dEle. Ao nos tornarmos mais parecidos com Ele, nos tornamos mais autenticamente nós mesmos.

A autenticidade, quando corretamente compreendida, não está ligada ao poder, mas à verdadeira autoridade, como sugere a etimologia. Deus é o princípio originário de todos os seres. Tornamo-nos mais nós mesmos, fazemo-nos mais autênticos e ganhamos mais autoridade por meio dessa proximidade com nosso Autor. Nos Mandamentos, os filhos são instruídos a obedecer a seus pais no Senhor. O mandamento de honrar pai e mãe é o primeiro mandamento com uma promessa: "para que sejas feliz e tenhas longa vida sobre a terra" (Ef 6, 3).

Por sua vez, o Catecismo católico enfatiza com razão a responsabilidade que subjaz à autoridade. "Este mandamento inclui e pressupõe os deveres dos pais, instrutores, professores, líderes, magistrados, governantes, todos os que exercem autoridade sobre os outros ou sobre uma comunidade de pessoas."[13] A autoridade deve estar ligada a estruturas hierárquicas. Caso se identifique com o poder, torna-se absoluta nas mãos de quem a exerce. O poder absoluto corrompe absolutamente (parafraseando *Lord* Acton), pois apenas um ser perfeito pode suportar o peso do poder sem a responsabilidade oriunda da deferência a uma autoridade superior.

É paradoxal que o enraizamento do poder humano na autoridade de Deus resulte no fortalecimento das pessoas.

---

13 *Catecismo da Igreja Católica*, n. 2199.

Este enraizamento nos encoraja a compreender nossa verdadeira natureza como criaturas e nos incentiva a conformar nossas vidas não só ao nosso Criador, mas também à razão e à própria realidade. Em contraste, o paradoxo da ideologia está em que ela busca desfazer os limites do homem, limitando a si mesmo todo o seu mundo.

Perversamente, a teoria *woke* promete a seus discípulos poder, ao mesmo tempo que os priva dele de duas maneiras: primeiro, negando-lhes um caminho de arbítrio moral e levando-os a se tornar escravos dos próprios desejos; e, segundo, ao defini-los segundo um eixo de opressão, apresentando os opressores como irredimíveis e os oprimidos como pessoas impotentes contra as forças sistêmicas que se alinham contra elas.

Por ser um movimento baseado na destruição, sempre deve haver outro inimigo ou opressão a descobrir, *para que não fique claro que eles alcançaram o poder*. Mas, no fim das contas, no decorrer da revolução, a dinâmica do poder se inverte. Nas sessões de luta eram os camponeses, e não os latifundiários, os que detinham a posição vantajosa.

Que tipo de coisas veremos quando os oprimidos *woke* tomarem as rédeas do poder das mãos de seus opressores? Talvez vejamos corporações pagando milhões de dólares para treinar funcionários sobre como jurar fidelidade à ideologia *woke*. Talvez vejamos lojas de departamento e outras grandes corporações montando elaboradas vitrines com o emblema do arco-íris durante a semana do orgulho gay ou, como já se tornou comum, durante todo o mês de junho. Pode ser que vejamos, também, a embaixada dos EUA hasteando a bandeira do orgulho, anunciando nosso credo pélvico em vários países ao redor do mundo. Quiçá vejamos as autoridades proibindo cultos religiosos para mais de doze pessoas, enquanto permitem que protestos com milhares de manifestantes *woke* ocorram livremente nas ruas durante uma pandemia global. Talvez vejamos 62% dos americanos com medo demais para dizer algo contra tudo isso.[14] Como saberemos que os *woke* se tornaram os novos opressores? Talvez, se tivermos olhos para ver, saibamos reconhecer o que já está se passando diante dos nossos olhos.

---

[14] Emily Ekins, "Emily Ekins' survey, 'Poll: 62% of Americans Say They Have Political Views They're Afraid to Share', is cited on The Sean Hannity Show", *CATO Institute*, vídeo de 14 de setembro de 2020: <https://www.cato.org/multimedia/media-highlights-radio/emily-ekins-survey-poll-62-americans-say-they-have-political-66?queryID=473883d6c0abe21fad72f6608c538d2f>.

7
A turba e a vítima

A turba é o habitat natural dos *woke*. Ela exemplifica cada um dos três binômios distorcidos que consideramos: é impessoal, irracional e ávida de poder.

A turba exerce atração sobre todos os seres humanos. O francês René Girard, teórico da literatura, da cultura e da religião, lança luzes sobre essa tendência humana ao narrar a negação de Cristo por São Pedro. Tendo prometido a Cristo que nunca o negaria, São Pedro se encontra no meio de uma turba enfurecida, ansiosa por condenar a Cristo. Uma jovem identifica São Pedro como forasteiro, um galileu, e pergunta se ele é seguidor de Jesus. Tão forte é o magnetismo do círculo de vozes concordes que Pedro nega a Cristo três vezes. O galo então canta, arrancando-o do transe hipnótico do pensamento coletivo.

Girard explica as turbas e os bodes expiatórios identificando, ao longo da história, um padrão do comportamento humano que começa com o que ele chama de *mimese*. Mimese é o nome dado ao fenômeno, observado pela antropologia, segundo o qual os seres humanos imitam uns aos outros. Isso pode ser benéfico e necessário para o desenvolvimento humano, como quando a criança aprende a falar, formando palavras e frases, por meio da imitação do que vê e ouve. À medida que crescemos, podemos nos esforçar para imitar um pai, um irmão mais velho ou um herói.

Nós também imitamos uns aos outros em nossos desejos e aversões. "O homem é a criatura que não sabe o que desejar e se volta para os outros a fim de se decidir. Desejamos o que os outros desejam porque imitamos seus desejos."[1] Queremos o que vemos os outros querendo. Muitas aplicações dessa psicologia podem ser encontradas no marketing e no consumo. Por exemplo, uma casa que, posta à venda, definha sem ofertas no mercado imobiliário começa a nos parecer menos desejável porque parece menos desejável para os outros. Por outro lado, uma casa muito procurada tende a se tornar mais desejável tanto para nós como para os outros, levando a um efeito de bola de neve e à realização de leilões.

De acordo com Girard, esse padrão de mimese leva os seres humanos ao conflito, e começamos a ver uns aos outros como rivais e competidores. Este é um processo de duas etapas. Primeiro, os objetos desejados conduzem a uma rivalidade, sobretudo quando são objetos não compartilháveis. Essa é uma maneira de entender por que os Dez Mandamentos se concentram tão direta e insistentemente na cobiça. Em segundo lugar, a rivalidade se desloca dos objetos de desejo para os sujeitos desejosos, até o ponto de aceitarmos abandonar ou destruir os objetos: "Farei qualquer coisa para impedir que você tenha isso!" A rivalidade torna-se tão desgastante que os sujeitos passam a se dedicar menos a conseguir a coisa ou pessoa anteriormente desejada do que a afastá-la do outro.

Quando surgem conflitos, tendemos a nos alinhar com o lado que consideramos mais forte. Diante da ameaça de violência, a multidão tende a se reunir contra o mesmo adversário em busca de um bode expiatório sobre quem projetar sua culpa e ao qual dirigir sua necessidade de acusação e violência. Quem se junta a outros contra um inimigo comum experimenta um sentimento de solidariedade dentro do grupo. A fofoca é um microcosmo dessa tendência. Às custas da pessoa sobre quem falamos, sentimos

---

[1] René Girard, "Generative Scapegoating", em *Violent Origins: Walter Burkert, René Girard, and Jonathan Z. Smith on Ritual Killing and Cultural Formation*, organizado por Robert G. Hamerton-Kelly, p. 122.

uma sensação de vínculo com a pessoa com quem fazemos fofoca. Numa escala mais ampla, vemos o fenômeno do bode expiatório manifestado no racismo, no partidarismo político ou no genocídio em massa.

Este fenômeno antigo e humano é o motivo pelo qual a mitologia e as religiões se caracterizam por bodes expiatórios e sacrifícios ritualísticos destinados a apaziguar os deuses. A vítima encarna um sentido duplo – carrega a culpa, mas também pode ser sacralizada pelo sentimento de solidariedade que cria nos sacrificadores. Ao matar o bode expiatório, a multidão alcança uma sensação de paz. No entanto, a catarse da matança ou do banimento só é capaz de trazer uma paz temporária, porque o sistema de rivalidade mimética subjacente não foi tocado, deixando o ciclo de violência se perpetuar intacto, sem cura verdadeira.

Este é um processo natural (da natureza decaída) que acontece inconscientemente. Alex Lessard, estudioso de Girard, fez para mim o seguinte comentário, numa discussão por e-mail: "A injustiça do mecanismo do bode expiatório se revela paulatinamente em toda a Bíblia. Por exemplo, na inocência de Jó em contraste com o conselho de sua esposa e 'amigos', bem como na intervenção de Jesus quando do apedrejamento da adúltera. Há uma introdução e uma disseminação gradual da consciência da injustiça na operação do sistema mundano como um todo."

Todavia, é apenas com a morte de Cristo, que é a inocência perfeita e a perfeita vítima, que a injustiça do ciclo de bode expiatório fica verdadeiramente exposta. Em vez de servir para satisfazer a turba, sua inocência é conhecida e afirmada a tal ponto que seus discípulos dão a vida em defesa dessa verdade. Culpa nenhuma pode ser encontrada nEle, e por isso sua morte nos põe em conflito com a nossa própria culpa. Deus se identifica com a vítima, e não com os sacrificadores. Pede que eles sejam perdoados porque não sabem o que fazem, e Ele é a vítima que assume todo pecado e toda culpa a fim de lavar o mundo com seu sangue. Por meio de sua morte e ressurreição, e pela atuação do Espírito Santo, somos libertos do ciclo da violência sagrada.

A turba como vítima

Em outra falsa perversão do cristianismo, os *woke* elevam e glorificam não a única vítima verdadeira, por cujo sangue somos unidos, mas a turba *woke*. O bode expiatório que visam é, em última análise, o Logos. Logos é a palavra grega para "razão", "palavra" ou "plano". Jesus Cristo, sendo o Verbo feito carne, é a comunicação da mente divina que ordena e dá ao mundo sentido e forma. O Logos se opõe às características dominantes do *woke*, porque Ele é a mente (*razão*) de Deus comunicada através da *pessoa* de Jesus Cristo, que é o autor de tudo e a *autoridade* sobre tudo.

Cada vez mais, os *woke* se proclamam não apenas inimigos da lei moral, mas vítimas dela. A lei moral, que é uma manifestação do Logos, torna-se uma agressora cuja vítima é a turba *woke*. Emily Keglor, em entrevista para o periódico cristão de esquerda *Sojourners*, resume a ideia da ordem moral como opressão: "A Igreja nos Estados Unidos continua a perpetrar violência espiritual e física contra pessoas *queer* e trans. Colocar-se num terreno comum entre a condição *queer* e a fé cristã – e defender sua afirmação e celebração completas, com clareza e certeza – é a chave para reduzir o ininterrupto trauma religioso que o cristianismo institucional procura exercer. Essa palavra de libertação é transformadora não apenas para a comunidade LGBTQ+, mas para todas as comunidades aprisionadas pelas amarras do sexismo cis."[2]

Em sua perversão do cristianismo, os *woke* exaltam e glorificam não a única vítima verdadeira, por cujo sangue

---

2 Paola Fuentes Gleghorn, "10 Christian Women Shaping the Church in 2020", *Sojourners*, 5 de março de 2020: <https://sojo.net/articles/10-christian-women-shaping-church-2020>.

somos inocentados, mas os deuses da multidão *woke*, por cuja vitimização nos tornamos culpados. A ideologia *woke* encoraja o comportamento da turba, mas assume a postura de bode expiatório. A fim de aceitar a promessa da serpente de que "sereis como deuses", eles têm de reivindicar a vitimização para si.

Mas essa vitimização não se dá em prol da unidade, mas da divisão. É antiga, na teologia, a noção de que o mal é parasitário. Ele não tem ser, mas é uma privação de ser e, portanto, só pode existir na medida em que distorce o bem. Sua natureza consiste em consumir e destruir o bem que invade. O mal quer fazer isso com Cristo.

Embora os deuses-vítimas possam atacar Cristo e sua Igreja, não podem derrotá-los. A vítima inocente é o vencedor definitivo. Não importa quão poderosos eles se tornem: a única coisa que não podem conseguir, por si mesmos, é igualar-se ao Cristo em sua inocência.

Isso leva os ideólogos *woke* a partir em busca da melhor opção disponível: a inocência neste mundo. A inocência neste mundo é um sinal que aponta para Cristo, forçando o observador a examinar a si mesmo. Entender isso esclarece a maneira bizarra com que os movimentos *woke* querem consumir e destruir a inocência. A cidade do homem quer a glória de Deus para si.

Sendo-lhes impossível fazer-se inocentes, eles têm duas estratégias para se esquivar da culpa pessoal. A primeira é afirmar o *status* de vítima, a fim de destacar a culpa dos outros. Elevar o *status* moral da vitimização aumenta o incentivo à divulgação das queixas e torna os prejudicados mais propensos a destacar sua identidade de vítima. Sobre a estatura moral assumida pelas vítimas atualmente, os sociólogos Bradley Campbell e Jason Manning afirmam: "Seus adversários são privilegiados e condenáveis, enquanto eles mesmos são dignos de compaixão e inocentes."[3]

---

[3] B. Campbell e J. Manning, "Microaggression and Moral Cultures", *Comparative Sociology*, 13, 2014, pp. 707–8.

A segunda estratégia para evadir-se da culpabilidade consiste em atacar a inocência diretamente, pois ela representa um julgamento existencial coletivo. Como já pudemos ver, a inocência é impossível se as pessoas forem definidas pelo mal. Para os *woke*, é imperativo resgatar as pessoas da ilusão da inocência.

À espreita da inocência

Essa segunda estratégia pode ser observada no esforço por sexualizar crianças cada vez mais novas e na corrupção e hipersexualização das mulheres, tudo em nome da liberdade.

Inocência, no mundo da teoria crítica, é dominação. Vemos isso mais claramente no caso das crianças. Sua inocência é uma ameaça à ideologia *woke*. Proteger a inocência infantil geralmente significa proteger as crianças da sexualidade adulta, das perversões sexuais, da violência. Mas protegê-las dessas coisas tem duas ramificações: permite-as perceber que o comportamento sexual tradicional entre homem e mulher no casamento é a norma e, portanto, o modo de ser privilegiado e dominante. A sexualidade que desviar dessas normas será vista por elas como uma opção marginal. Isso leva à segunda ramificação: proteger as crianças da perversão desencorajará de agir de acordo com os próprios desejos aquelas que possivelmente estiverem inclinadas a isso, por medo de ficarem constrangidas ou parecerem estranhas.

Quando a definição da pessoa se estrutura em torno da opressão, todos devem ser envolvidos. As gangues, sobretudo as assassinas, exigem iniciações porque a cumplicidade é uma ferramenta poderosa. "Agora você é um membro desta tribo, unido pela culpa do sangue." A cumplicidade distorce nossa razão, perverte nossa objetividade e nos faz manter lealdades indevidas e irracionais. Até que o membro da gangue seja um cúmplice, ele é uma ameaça.

Em 2019, o escritor católico Sohrab Ahmari afirmou que os eventos de contação de histórias com *drag queens* constituía um momento cultural que exigia dos cristãos um sonoro "não". Seguiram-se debates, e alguns interlocutores conservadores tenderam a se concentrar nas leis de liberdade de expressão, passando ao largo do cerne do problema. O desplante ideológico por trás dessa iniciativa nas bibliotecas públicas era mais um passo adiante na declaração do novo objetivo moral da sociedade: interromper os instintos naturais de crianças inocentes, ensinando-as a desfazer sua noção binária de gênero e reconstruir-se segundo os termos da fluidez de gênero. Não se tratava de aplicar a liberdade de expressão, mas de revolucionar o pensamento.

Surgiram vários vídeos de homens vestidos de mulher ensinando crianças a virar as costas, curvar-se e rebolar o traseiro.[4] Nesses vídeos, pais *woke* sorriem e assentem para seus filhos. Algumas crianças riem, outras parecem nervosas ou desconfortáveis. Para os *woke*, esse desconforto são seus instintos inatos e intolerantes – aqueles que os ativistas trans vieram reprogramar.

A fusão de *drag queens* com horas de contação de histórias em bibliotecas se originou em São Francisco no ano de 2015, mas acabou por chegar a outros estados e cruzar o oceano. O suposto objetivo dessas ações é ensinar as crianças a serem tolerantes. Há também um propósito menos enfatizado, mas que não deixa de ser manifesto, que consiste em garantir que o ativismo trans nas bibliotecas ajude alguma criança que talvez esteja inclinada a outra identidade sexual. E não surpreende que ainda menos enfatizado seja outro objetivo fundamental: interromper o domínio opressor da heteronormatividade e da cisnormatividade.

Não é apenas o ativismo trans que está na moda; as bibliotecas locais também estão ajudando a aliciar as crianças. Em 2020, uma biblioteca pública de Maryland foi palco da segunda aula de *pole dance* lésbico e educação sexual destinada "somente a adolescentes" de 12 a 17 anos, sendo

---

4   Caso você deseje ver alguns destes vídeos, eles podem ser encontrados em: <https://www.youtube.com/watch?v=jkZujRnHWNA>. Deve-se advertir que são cenas pavorosas, mas que convém assistir por revelarem o grau de perversão desta ação maligna.

proibida a presença de pais e mães. A principal palestrante, Bianca Palmisano, é praticante declarada de BDSM (escravidão, disciplina, sadismo e masoquismo) e expressou o desejo de que se normalizem entre os jovens coisas como "relacionamentos poliamorosos, homossexualidade, prostituição, uso de drogas, *swing*, sexo anal etc.".[5] Enquanto isso, pais *woke* ficam esperando do lado de fora, ansiosos por saber o que Ashleigh, de 12 anos, aprendeu na biblioteca sobre *pole dance* e sadismo.

Disforia de gênero

Outra maneira altamente perturbadora pela qual os *woke* atacam a inocência é expondo as crianças ao contágio social da disforia de gênero. Em seu livro *Irreversible Damage: The Transgender Craze Seducing Our Daughters*, Abigail Shrier escreve sobre a atual e dolorosa explosão, sem causa aparente, de meninas em transição. Qualquer menina que, tempos atrás, teria sido apenas considerada uma "moleca" descobrirá agora que é trans. "Os adolescentes e pré-adolescentes de hoje são pressionados, em todos os lugares, a definir-se a si mesmos segundo certo espectro de gênero e certa taxonomia sexual – e isso acontece muito antes de terem concluído o desenvolvimento sexual que os guiaria, não fosse essa interferência, à descoberta de quem são ou do que desejam."[6]

Shrier descobriu que esta é uma epidemia que explodiu na última década. Historicamente, os adolescentes trans eram predominantemente meninos, mas agora meninas sem histórico infantil de disforia de gênero descobrem entre as amigas que querem ser trans e começam a exigir cirurgias

---

[5] Doug Mainwaring, "Rural public library will again host lesbian pole-dancer's 'teens only' sex ed class", *LifeSite News*, 6 de janeiro de 2020: <https://www.lifesitenews.com/news/rural-public-librarywill-again-host-lesbian-pole-dancers-teens-only-sex-ed-class>.

[6] Abigail Shrier, *Irreversible Damage: The Transgender Craze Seducing Our Daughters*, Regnery, 2020.

e hormônios. Os pais progressistas tendem a apoiar isso. Aqueles que expressam hesitação costumam ser chamados de transfóbicos por suas filhas e pelas amigas delas. Em muitos lugares, há leis que proíbem a terapia de conversão, e por isso os terapeutas se veem proibidos de ajudar as crianças a se sentirem confortáveis em seu gênero biológico – mesmo que o profissional afirme que outros problemas mentais ou emocionais estão sendo encobertos pelo desejo de mudar de sexo.

Shrier descobriu que há, em correlação com esse aumento da disforia entre as jovens, uma crise de saúde mental que parece estar ligada, em parte, à onipresença das mídias sociais e ao modo violento como ela afeta as meninas. Shrier diz: "E, graças a todos os fatores que viabilizaram o aumento do valor cultural da identificação transgênero, as meninas se apegam a ela como uma explicação para o que há de errado consigo: 'Ah, deve ser disforia de gênero.'"[7]

Em entrevista ao escritor Spencer Klavan, Abilash Gopal, médico que trabalhou em hospitais psiquiátricos destinados a adolescentes, afirma que quase todas as crianças trans têm problemas de comportamento. "Elas tentam chamar a atenção. As outras crianças não gostam delas. Elas não se sentem atraentes e não têm boas notas." Gopal continua: "Mas isso lhes confere a condição de vítima, e de repente um monte de recursos e atenção são derramados sobre elas. E elas também não precisam crescer: esse é, literalmente, o efeito dos supressores hormonais."[8] Os supressores hormonais bloqueiam os hormônios da puberdade, e é por isso que o ativismo trans se dedica a promover a transição de crianças pré-púberes.

Klavan observa que Gopal é um caso raro em sua área. Tanto na medicina quanto na educação pública, é proibido

---

7 Abigail Shrier, "Abigail Shrier: Transgenderism's 'Irreversible Damage'", no programa de Dennis Prager. Vídeo publicado no YouTube em 30 de junho de 2020: <https://www.youtube.com/watch?v=-23nuQrE_qA>.

8 Spencer Klavan, "Children and Transgenderism", *The American Mind*, 16 de abril de 2020: <https://americanmind.org/essays/children-and-transgenderism/>.

expressar qualquer preocupação sobre a prescrição de supressores hormonais (e, depois, de cirurgias) a pacientes pré-púberes. Toda criança que expresse o desejo de fazer a transição deve seguir uma agenda, e seus pais só serão informados disso se a escola tiver a garantia de que eles lhe darão apoio. Da mesma forma, em sua pesquisa, Klavan descobriu que, mediante um *bullying* radical, é imposto um intenso código de silêncio a qualquer pessoa trans que destransicione ou critique o processo de transição a partir de sua própria experiência.[9]

Shrier menciona uma turma de jardim de infância cujas professoras dizem às crianças que seu sexo foi decidido aleatoriamente no nascimento; por conseguinte, agora as crianças têm a missão de descobrir qual é o seu gênero de fato, e qualquer um que questione esse processo as estaria maltratando. "Tudo isso acontece sob o disfarce do anti-*bullying*, o que significa que os pais daquelas crianças não podem tirar seus filhos dali. É obrigatório... O pretexto é o de que, para proteger as crianças, é preciso doutrinar toda a população estudantil na confusão de gênero."[10]

A licenciosidade nas mãos das crianças

De várias maneiras e por meio de diversos canais, são plantadas mensagens com o fim de reorientar as crianças e lograr a libertação do ego terapêutico que os revolucionários consideram necessária. Os filmes infantis, que antes eram histórias sobre batalhas e bravura, amor verdadeiro e triunfo sobre o mal, agora praticamente só têm como tema a ousadia que é aceitar a própria esquisitice interior. Embora esse tipo de lição possa ter seu lugar, o predomínio e a onipresença

---

9 *Ibid.*
10 Allison Schuster, "Speaker: Most Parents Have No Idea Their Kids' Schools Are Pushing Insane Transgender Ideology", *The Federalist*, 18 de julho de 2020: <https://thefederalist.com/2020/07/28/speaker-most-parents-have-no-idea-their-kids-schools-are-pushing-insane-transgender-ideology>.

dessa versão moderna da moral da história servem à agenda de pessoas poderosas, encorajando as crianças a encontrar sentido na exploração da aberração que trazem dentro de si – e, quanto mais aberrante, melhor.

No filme infantil *Frozen*, Elsa guarda um segredo que a torna diferente. Seus pais preocupados a levam para ver os sábios *trolls*, que declaram que ela "nasceu assim". Ela esconde seu segredo, mantendo-se metaforicamente no armário. Os personagens cantam sobre como "o amor é uma porta aberta", reforçando o tema do armário. Quando as pessoas mais tradicionais da aldeia descobrem que ela é diferente, eles a condenam, confirmando ao público que os verdadeiros vilões da vida são os opressores dominantes que defendem a normatividade. Elsa se muda para as montanhas e se transforma na rainha fabulosa de seu próprio universo; e, no triunfante hino "Let It Go", ela canta sobre como não precisa mais ser uma boa menina: "Não há certo, nem errado, sem regras para mim... livre estou!"

Para dar outro exemplo: quando o filme *Trolls* foi lançado (não confundir com os sábios *trolls* que aconselham Elsa em *Frozen*), uma resenhista *woke* avidamente o classificou como o "filme mais gay de todos os tempos". "Há *trolls* cobertos de glitter e brilhos, refletindo a luz como pequenas bolas de discoteca. Não esqueçamos do *troll* que literalmente [defeca] *cupcakes*. Ou daquele momento em que Poppy e seus amigos *trolls* se transformam numa peruca de arco-íris para ajudar uma garota *bergen* triste. E que música eles decidem cantar? 'I'm Coming Out', com movimentos de dança espetaculares, um macacão e sapatos de plataforma alta. Olá, *drag queens*! A Dreamworks não poderia ter sido mais sutil. Não houve economia de arco-íris nos cinemas ontem à noite."[11]

Esta não é uma histeria paranoica em meio a uma guerra cultural febril; é o trabalho de uma ideologia descarada que

---

11 "Trolls: The gayest movie this year", *writing living breathing* (blog), acessado em 16 de outubro de 2020: <https://writinglivingbreathing.wordpress.com/2016/11/06/trolls-the-gayest-movie-this-year/>.

espera evangelizar e doutrinar os jovens em seus dogmas e práticas. Isso vem acontecendo há anos; simplesmente não se está mais tão preocupado em escondê-lo.

Aliciamento de meninas

Em 2017 (com relançamento em 2019), *a Teen Vogue*, revista voltada para meninas de doze a dezessete anos, lançou um "Guia do Sexo Anal" cheio de dicas e incentivos, assim como uma mensagem de que não há nada de errado com a sodomia (nome que eles não aplicam à prática) e de que ela, de fato, poderia ser muito divertida. Algumas precauções foram lembradas, como: "Se você pratica sexo anal regularmente, principalmente com homens gays ou bissexuais que não sejam monogâmicos, considere também tomar a PrEP."[12] A PrEP é uma droga destinada a permitir a relação sexual com pessoas HIV-positivas, tornando a transmissão do HIV menos provável, mas ainda assim não completamente "segura". O artigo estava cheio de dicas nauseantes, e também um aviso de que talvez houvesse matéria fecal dando as caras por aí. A autora, sem hesitar, insiste em que as crianças não se preocupem! Isso é apenas parte da diversão.

Esta mesma revista também publicou um artigo elogiando Karl Marx como um revolucionário que lutara contra os opressores ricos em prol da classe trabalhadora e inspirara movimentos na Rússia soviética, China, Cuba etc. Não foram mencionados os milhões de cadáveres que resultaram da aplicação de suas ideias diabólicas, de seu furioso racismo, de sua misoginia e de sua obsessão com a destruição. O capitalismo, por sua vez, era acusado de ser violento e as leitoras, encorajadas a entender o espírito revolucionário e a discernir como podem aplicá-lo hoje.[13]

---

[12] Gigi Engle, "Anal Sex: Safety, How-tos, Tips, and More", *Teen Vogue*, 12 de novembro de 2019: <https://www.teenvogue.com/story/anal-sex-what-you-need-to-know>.

[13] Adryan Corcione, "Who Is Karl Marx: Meet the Anti-Capitalist Scholar", *Teen Vogue*, 10 de maio de 2018: <https://www.teenvogue.com/story/who-is-karl-marx>.

Meninas no ensino médio aprendem de fontes como a *Teen Vogue* e põem em prática as lições que recebem. Uma conhecida minha ficou horrorizada ao descobrir pela filha que o sexo anal havia se tornado normal e um tanto esperado em sua escola secundária. São muitos os exemplos de aliciamento de garotas: desde a Planned Parenthood protegendo predadores infantis até todo o espírito da marca Pink, uma loja de *lingerie* voltada para adolescentes, de propriedade de um dos ex-associados próximos a Jeffrey Epstein. Do *The Atlantic*: "A Pink apresenta cores vivas como balas e oferece pijamas, roupas de banho, cuidados com a pele e acessórios, além de roupas íntimas. Em 2013, lançou uma campanha de marketing chamada 'Bright Young Things', que chamava a atenção para roupas íntimas de renda com os dizeres *Eu te desafio* na parte de trás, toalhas de praia e sacolas onde se lia *Beije-me* e uma camiseta decotada com a inscrição *Aproveite a vista*. O mais perturbador: uma tanga rosa e laranja com *Me chame* impresso na virilha."[14]

Como sói acontecer com grande parte do marketing para garotas, seu verdadeiro público são homens perversos. Não é de admirar que os movimentos trans e a androginia tenham tanta influência sobre adolescentes. Para uma garota afogada pela podridão da revolução sexual, despojar-se completamente de sua sexualidade pode se tornar uma opção interessante.

O mal é difícil de entender, mas convém fazer um esforço. Os arquitetos da Escola de Frankfurt não poderiam imaginar quão eficaz seria seu plano de atacar todos os aspectos da família, incluindo seus membros mais jovens.

A vaca sagrada

O ataque definitivo à inocência neste mundo tem como alvo o exemplo mais perfeito de inocência: o bebê. Não é por

---

[14] Moira Donegan, "The Jeffrey Epstein-Victoria's Secret Connection", *The Atlantic*, 6 de agosto de 2019: <https://www.theatlantic.com/ideas/archive/2019/08/victorias-secret-epstein/595507/>.

acaso que o ícone mais visível da libertação feminina é, literalmente, um abatedouro da inocência. Contra o *ethos* da família está a proeminente Planned Parenthood, um empreendimento bilionário, inocuamente tratado como instrumento de "planejamento familiar". Sua influência se faz presente em cada manifestação progressista. É lá que podemos ver a ruptura mais de perto. É lá que somos apartados de nossa família, de nossa biologia, do reconhecimento da necessidade de nossa existência. É para lá que vamos a fim de fingir que o sexo, o mais íntimo ato de conhecimento físico, é algo que não cria laços e não requer intimidade.

O aborto é o sacramento e o símbolo maior da religião *woke* porque, num só ato, destrói cada ícone da família: a criança, o pai e a mãe. Todos os três são corrompidos e desviados a uma direção contrária à sua natureza. O homem é capaz de engravidar a mulher, mas não fica vinculado nem à mulher nem ao "produto da concepção" (para usarmos o vernáculo estéril da indústria do aborto). Enquanto isso, a mulher também fica livre de qualquer vínculo com o homem ou com o filho que traz dentro de si. Nesta visão distópica da humanidade, cada um de nós é uma ilha, autônoma e à deriva – desprovida de deveres e endurecida para o amor. Mulher e criança entram na Planned Parenthood unidas num só corpo e saem de lá desmanteladas e despedaçadas: uma, literalmente; a outra, simbólica e espiritualmente. Outro laço é rompido – e ela fica profundamente sozinha.

Com um número de mortes em torno de 56 milhões ao ano em todo o mundo, devem ser poucas as pessoas que não tenham estado próximas ou em contato com o aborto. Quem conhece alguém com essa marca em seu passado sabe que o aborto engendra uma luta contra a tristeza e a culpa que dura a vida inteira. Depressão e arrependimento são consequências comuns. Esses pontos, porém, não devem ser comentados; a desconexão do discurso pró-aborto não poderia ser mais gritante. As mulheres são instruídas a "anunciar seus abortos" com orgulho. O aborto é a vaca sagrada da nova esquerda, e por boas razões: é como um analgésico usado para combater os sintomas de um tumor. Trata-se de uma máscara, de uma fachada de papelão. A realidade é que não é possível haver um mundo no qual a vontade de todos tenha livre vazão sem que esse mundo se torne violento. Sermões a respeito do consentimento não resolverão isso.

As mulheres, chamadas a serem ícones da inocência, são especialmente visadas pela ideologia. Esse fenômeno se manifesta na bizarra tendência a usarem sua nudez em público para protestar contra as leis pró-vida. É difícil entender essa forma de protesto até percebermos que a mulher publicamente nua é um ícone de rebelião, um abandono da inocência.

Quando, em 2020, os legisladores de Utah aprovaram uma lei para proibir todos os abortos (com exceção dos casos de incesto ou de risco de vida para a mãe), o Templo Satânico se manifestou contra ela, alegando que violava sua liberdade religiosa. Eles viam o aborto como um ritual satânico sagrado. Em seu *site*, eles orientam as mulheres a realizar os rituais sagrados do aborto, o que inclui se olhar no espelho e recitar seus princípios sagrados, como o princípio III: "O corpo de uma pessoa é inviolável, sujeito apenas à sua própria vontade"; também esta afirmação pessoal: "Faça-se segundo meu corpo, meu sangue e minha vontade." Aqui vemos novamente a inversão demoníaca do cristianismo, com sua zombaria diabólica da generosa doação do sacratíssimo Corpo e Sangue de Cristo no sacramento da Sagrada Eucaristia, para não mencionar a rebelião contra um dos princípios da Oração do Senhor: seja feita não a *tua* vontade, mas a *minha*.

O mal procurou atacar Cristo e sua santa inocência desde o início de sua vida. Embora devamos meditar sobre todos os aspectos da vida de Cristo, é a sua infância que a imaginação cultural mais particularmente relembra e celebra. Devemos recordar que Ele entrou neste mundo – mesmo que envolto em simplicidade – de um modo muito diferente das narrativas açucaradas e sentimentais do Natal: fê-lo à sombra da Cruz e da matança dos inocentes pelo rei Herodes.

Como as crianças

Não apenas a inocência das crianças, mas também a inocência de *todas* as pessoas, é responsável por despertar ataques ideológicos. Por meio de Cristo, somos renovados e chamados a ser adultos espirituais, mas com a inocência das crianças. Devemos ser semelhantes às crianças, mas não infantis. A nossa identidade fundamental é a de filhos de um Pai amoroso, com as características que esse amor implica: confiança; desejo de ser conduzido; expectativa pelo perdão, com o arrependimento imediato de nossas transgressões; confiança na profundidade do seu amor por nós; e uma reverência natural por Ele.

Os dogmas da ideologia servem para nos despir desta realidade fundamental de nossa humanidade, isto é, de nossa condição de filhos de Deus, de seres encarnados, dotados de uma natureza, criados. A redução da pessoa, a rejeição da natureza e a exaltação da vontade, o nivelamento da autoridade – tudo isso contribui para a destruição da família e é potencializado por essa destruição. Trata-se de um plano que tem alcançado amplo sucesso, mas que não terá a palavra final.

PARTE III
Doutrinação

8
A Revolução Sexual

Em *Sex and Culture,* de 1936, J. D. Unwin publicou os resultados de uma extensa pesquisa em que estudara 86 sociedades e civilizações a fim de determinar se há relação entre a liberdade sexual e o florescimento das culturas. Unwin, antropólogo social de Oxford, tomou como parâmetro de florescimento a arte, a arquitetura, a agricultura, a engenharia, a literatura e assim por diante. Levantou dados em várias categorias, incluindo a moderação antes e depois do casamento. Unwin descobriu que o fator mais influente na determinação do florescimento da sociedade era se a castidade pré-nupcial constituía uma norma social estrita e que as sociedades que a praticavam em conjunto com uma monogamia absoluta floresceram ainda mais.

Sobre essa descoberta, Kirk Durston, estudioso da obra de Unwin, observa: "As culturas racionalistas que mantiveram essa combinação por pelo menos três gerações superaram as outras culturas em todas as áreas, incluindo literatura, arte, ciência, arquitetura, engenharia e agricultura."[1]

Unwin descobriu que, se houvesse qualquer transformação social nas normas relativas à sexualidade, fosse em direção a uma maior liberdade ou a uma maior restrição, o efeito total da mudança não seria percebido até a terceira geração. A mudança se enraíza lentamente na primeira, torna-se mais normalizada na segunda e, na terceira, logra

---

[1] Kirk Durstan, "Why Sexual Morality May be Far more Important than You Ever Thought", *Quest* (blog), acessado em 25 de outubro de 2020: <https://www.kirkdurston.com/blog/unwin? rq=sexual%20morality>.

seu efeito pleno na sociedade. Nesse ponto, nos casos de adoção de uma liberdade sexual plena, a sociedade "fica caracterizada por pessoas pouco interessadas no que não diga respeito a seus próprios desejos e necessidades. Nesse nível, a cultura costuma ser conquistada ou tomada por outra com maior energia social".[2]

Unwin descobriu existir uma profunda correlação entre a castidade pré-nupcial e a monogamia absoluta, o deísmo e o pensamento racional. Nos casos em que a primeira foi abandonada, os fatores restantes desapareceram dentro de três gerações.

Em geral, considera-se que as gerações cobrem um período de vinte a trinta anos – usemos trinta. Se considerarmos que a revolução sexual começou em meados da década de 1960 (embora tenha sido semeada e começasse a fervilhar décadas antes), então estamos no final da segunda geração e entrando na terceira. De acordo com as descobertas de Unwin, a menos que ocorra uma dramática mudança de rumo, estamos ingressando no início do colapso social.

Os revolucionários de Marx a Marcuse pareciam saber disso com notável presciência. Seu plano para demolir a família, embora pareça coisa de loucos, acabou sendo a tática mais óbvia e insidiosa de seu manual. É como uma longa partida de Jenga: basta puxar uma das peças que mantêm a torre estável... e tudo desmoronará por conta própria.

A religião e a família nuclear foram os maiores obstáculos no caminho da revolução. Como desmantelar uma instituição humana tão basilar, que satisfazia os desejos humanos fundamentais? Para uma família de cristãos sinceros que se esforçam para servir a Deus e uns aos outros, a vida familiar pode ser muito gratificante e feliz, ainda que simples e anônima. Mesmo se lhes fosse dito que participam de uma instituição opressora, muitos ainda se contentariam com seus papéis de esposas amorosas, maridos dedicados e membros de uma igreja, rejeitando o convite ao ressentimento e à revolução.

---

2 *Ibid.*

Isso representava um problema, mas os arquitetos da revolução nos Estados Unidos estavam preparados para enfrentá-lo. O enfraquecimento dos costumes sexuais da cultura está no cerne do desmantelamento da família – inicialmente, por meio do pai, embora possa começar, como muitas vezes acontece, também por meio da mulher. Graças à vulgaridade sexual, o pai se torna fraco e desprovido de autoridade moral, a esposa se torna desvalorizada e ressentida, e os filhos se tornam cínicos e rebeldes. Todos ficam feridos.

Convencer as pessoas de que elas são definidas pela dor e pelo mal é muito mais simples se elas conhecerem pessoalmente as profundezas da dor e do mal. As feridas são exploradas e exacerbadas a fim de conferir um caráter militante às lealdades tribais e consolidar melhor o ressentimento. Ao tornar a vida familiar dolorosa, não eliminamos nossa necessidade de uma família, mas apenas a realocamos. O resultado é um povo não apenas desconfiado do bem, mas treinado para fugir defensivamente dele e que, na sequência, parte numa busca inútil por uma imitação do bem.

Os primeiros sinais da destruição

A destruição esteve perceptível desde o início, mas havia razões políticas para ignorá-la. Na década de 1960, o sociólogo – e futuro senador – Daniel Patrick Moynihan trabalhou arduamente no desenvolvimento das políticas de combate à pobreza do presidente Johnson. Ao analisar estatísticas e padrões sociais, Moynihan notou que as métricas de sucesso para as comunidades negras vinham diminuindo significativamente em vez de melhorar na esteira dos sucessos dos direitos civis. Parte disso foi atribuído ao racismo persistente e aos efeitos de anos de injustiça. Todavia, Moynihan concluiu que o problema, em sua base, vinha da desintegração da família e que a nação precisava se unir em torno do propósito de salvar e apoiar a estabilidade da vida familiar negra. As tendências da taxa de empregabilidade dos homens negros e o recurso à assistência social começaram a divergir acentuadamente: a primeira caía de maneira aguda, enquanto a segunda subia. Com o declínio das oportunidades de emprego e da capacidade de sustentar suas famílias, Moynihan supôs que os homens ficariam alienados do significativo papel da paternidade, o que levaria a um aumento grande da quantidade de divórcios, de nascimentos fora do casamento e de comunidades de filhos sem pai.

A realidade que ele descobriu, respaldada por todas as estatísticas, foi a de que a tendência do pós-guerra para as famílias urbanas negras era de desintegração, o que tornava a pobreza e as patologias muito mais intratáveis. O presidente Johnson viu-se compelido pelo relatório a fazer um discurso na Howard University, onde declarou que essa questão era "o próximo e mais profundo estágio da batalha pelos direitos civis". Em seguida, atribuiu a causa da situação a múltiplos fatores e defendeu o aumento do auxílio social, percebendo que a desagregação da família traria prejuízos incalculáveis. Gerações de crianças e comunidades em todo o país seriam prejudicadas.

Embora Johnson considerasse esse seu maior discurso no âmbito dos direitos civis, ele foi respondido com ataques. Funcionários públicos e burocratas do governo murmuravam sobre o "sutil racismo" do relatório.[3] A mensagem era clara: o sistema deveria ser o culpado e o único culpado. A insinuação de que encorajar e conservar as estruturas familiares tradicionais traria algum resultado era intoleravelmente burguesa. Décadas depois, escrevendo para o *New York Times*, Nicholas Kristoff declarou: "Os progressistas brutalmente declararam que Moynihan era racista. Ele na verdade fora criado por uma mãe solteira e trabalhara como engraxate na esquina da Broadway com a 43rd Street, em Manhattan, mas foi acusado de ser indiferente e paternalista,

---

3 Kay S. Hymnowitz, "The Black Family: 40 Years of Lies", *City Journal*, verão de 2005: <https://www.city-journal.org/html/black-family-40-years-lies-12872.html>.

e também de 'culpar a vítima'." Kristoff cita a seguinte fala de Floyd McKissick, então proeminente promotor dos direitos civis: "Minha principal crítica ao relatório é que ele presume que os valores dos americanos de classe média são os valores corretos para todos nos Estados Unidos."[4]

Enquanto o remédio proposto – a família tradicional – era rejeitado, soluções mais sinistras para a pobreza fincaram raízes. A fundadora da Planned Parenthood, Margaret Sanger, era uma racista de renome e não escondia o fato de que o controle da natalidade e o aborto eram essenciais para eliminar a população afro-americana. Na última década, Ruth Bader Ginsburg qualificou o famoso veredito de Roe vs. Wade como uma tentativa de controlar o crescimento populacional, "particularmente o crescimento de populações cujo excesso não desejamos".[5]

No início da década de 1990, o advogado de Roe, Ron Weddington, insistiu com o então presidente eleito Bill Clinton que ele precisava de uma população mais educada, mais saudável e mais rica para reformar a nação. Para tanto, aconselhou Clinton a "começar imediatamente a eliminar o segmento mal educado, insalubre e pobre de nosso país [através do aborto]... Pronto, falei. É o que todos sabemos ser verdade, mas apenas sussurramos."[6] Os 30 milhões de abortos ocorridos naquela época nos Estados Unidos haviam, de acordo com a avaliação de Weddington, tornado o país muito melhor, mas às custa não apenas de vidas perdidas, e sim também da devastação de nossa compreensão cultural do sexo e da responsabilidade. Se o primeiro dever dos pais e mães – permitir que a criança viva – é eliminado, podemos ter certeza de que o mesmo pode acontecer com todos os outros deveres humanos.

---

4 Nicholas Kristof, "When Liberals Blew It", *The New York Times*, 11 de março de 2015: <https://www.nytimes.com/2015/03/12/opinion/when-liberals-blew-it.html>.

5 Kevin D. Williamson, "We Only Whisper It", *National Review*, 24 de setembro de 2014: <https://www.nationalreview.com/2014/09/we-only-whisper-it-kevin-d-williamson/>.

6 "How To Eliminate the Poor", *New Oxford Review*, outubro de 2006: <https://www.newoxfordreview.org/documents/how-to-eliminate-the-poor/>.

Sexo sem sentido

A revolução sexual depende da separação entre sexo e bebês. Não são apenas os guerreiros culturais conservadores que reconhecem isso. No episódio de abertura do popular programa de televisão *Mad Men*, a personagem de Peggy é apresentada à vida de uma mulher profissional já em seu primeiro dia no escritório, quando a veterana Joan a leva ao médico para que ela comece a tomar a pílula. A mensagem era clara: isolar o sexo da responsabilidade era o primeiro passo para se tornar uma mulher moderna. Peggy agora estava disponível para o sexo sem sentido com homens.

Para que o sexo não signifique nada, é preciso remover as restrições das partes envolvidas. Qualquer restrição seria uma intolerável agressão à vontade. Nossa negação do óbvio vínculo entre gravidez e bebês é a origem de boa parte do caos e da violência que assolam a sociedade hoje. As relações entre os sexos manifestam claramente esse caos, e a violência é tanto o efeito quanto a base dessa ideologia perversa.

Embora *Mad Men* fosse um programa repleto de nuances, seu ponto de vista era inegavelmente favorável ao advento da total autonomia sexual das mulheres. Mas qual foi, na vida real, o legado desse movimento? Recentemente, a coluna de conselhos do *The Cut* publicou certa carta que mostra uma reclamação que ouvi de várias mulheres. A mulher que escreveu pedindo conselhos descreveu que tivera quase quarenta encontros com homens diferentes nos últimos dois anos. No começo, achara que relações casuais eram exatamente o que ela precisava. Tentara sair com vários homens, e com a maioria deles sentiu ter alguma química; no entanto, percebeu que esses relacionamentos apenas a faziam se sentir mal consigo mesma. "Para a minha dor, eu nunca me iludi a respeito do fato de que a única razão pela qual aqueles caras se dirigiam a mim era porque eu os deixava dormir comigo... Eu me sentia como uma boneca sexual. Talvez ficasse melhor se o sexo fosse bom, mas na melhor das hipóteses era medíocre. Tentei ignorar os sentimentos e apimentar o sexo, mas nada funcionou."[7]

A realidade vivida por muitas mulheres no atual pântano dos relacionamentos é esta: foram reduzidas a uma ferramenta para a masturbação dos homens. A "solução" de usar o homem em contrapartida mais se parece com uma competição infernal para ver quem consegue cair mais fundo do que com um empoderamento. Faz todo o sentido que ninguém queira colocar um bebê nesse cenário tão sombrio de namoros. Um bebê requer toda sorte de responsabilidade, sacrifício, devoção, permanência. Ou seja, um bebê requer amor verdadeiro, um amor que o horizonte moderno dos namoros pode tentar imitar, mas em vão.

A revolução sexual chegou com a promessa de que o sexo pode não ter sentido – de que, para preservar nossa autonomia, ele na verdade deve não ter sentido. Se o sexo tem um sentido intrínseco, independente do sentido que lhe queiramos atribuir, então a ameaça dos deveres e das responsabilidades começa, repentinamente, a ferir nossa autonomia.

Esta revolução, agindo de dentro para fora, lançou no caos as relações humanas; de maneira mais trágica, aquela entre pais e filhos. Um bebê é uma manifestação flagrante e intrusiva de sentido, e isso invade a nossa autonomia.

Manter a ilusão da autonomia sexual exige que declaremos guerra tanto à ciência da embriologia humana básica quanto a nós mesmos, isto é, a nossos corpos, mentes e emoções. Isso leva as mulheres a ficarem confusas com a desconexão entre a ilusão e a realidade. "É só algo casual, então por que me sinto intimamente ligada a ele? É casual, então por que me sinto usada? É casual, então por que há um bebê a caminho?"

Uma coisa engraçada acontece quando forçamos nosso pensamento a negar a realidade mais fundamental. Por vezes algumas pessoas acabam encontrando a verdade em

---

[7] Heather Havrilesky, "I Can't Do Casual", *The Cut*, 15 de maio de 2019: <https://www.thecut.com/2019/05/ask-polly-i-cant-do-casual.html>.

razão do próprio raciocínio. Foi isso o que vimos quando a atriz Alyssa Milano, em resposta às leis que limitavam a disponibilidade do aborto em 2019, conclamou pela abstinência sexual sob a forma de greve de sexo. Se os homens queriam sexo, dizia, que providenciassem os meios para o aborto caso engravidássemos. Menos intencional era o corolário segundo o qual, se o aborto não estivesse disponível, a gravidez e a paternidade poderiam ser controladas por meio da abstinência.

Um *tweet* feminista que viralizou na mesma época pedia que os homens fossem responsáveis tanto pelas mulheres com quem fizessem sexo quanto pelas crianças que possivelmente fossem concebidas: "Se o aborto é ilegal, então também deveria ser ilegal que os homens abandonassem seus filhos. Se a minha decisão é permanente, então a do pai também deve ser."[8]

Cada uma dessas declarações feministas admite que, devido à natureza da intimidade sexual e sem o recurso do aborto, todos teremos de entender nossos deveres uns para com os outros e nossas responsabilidades para com os que virão. O aborto não apenas é incapaz de empoderar as mulheres; ele também facilita a vida dos homens.

Em seu especial de comédia para a Netflix em 2020, Dave Chappelle identificou essa dinâmica com um humor sombrio, dizendo que, se as mulheres podem decidir unilateralmente fazer um aborto, os homens podem decidir unilateralmente não sustentar a criança, evitando o ônus da pensão alimentícia. Sua justificativa? "Meu dinheiro, minha escolha." Ele terminou dizendo que, se as mulheres podem matar um bebê, os homens deveriam pelo menos poder abandoná-los. Enquanto o horror dessa lógica se desenrolava na cabeça do público, ele murmurou: "E se *eu* estiver errado, talvez *nós* estejamos errados."

Com a camuflagem do aborto ameaçada, fica exposta a mentira de um estilo de vida sexualmente autônomo e a

---

8 Ricky Spanish (@5headshawtyyy), Twitter, em 12 de maio de 2019.

profunda injustiça que ele impôs a homens, mulheres e crianças. Podemos esconder, em certa medida, o custo emocional e psicológico do sexo casual, mas não podemos esconder um bebê, a menos que nos livremos dele. Como escreve Anthony Esolen: "Se a criança viver, a vida da mãe não será a mesma; porque, se aceitarmos os princípios que permitem à criança viver, a vida de nenhum de nós será a mesma. Não há como garantir para o nascituro um mundo seguro que seja também um mundo de total autonomia sexual e econômica. Em qualquer mundo onde a autonomia seja o ideal mais elevado, não há lugar para a criança, esse sinal encarnado de nossa dependência e nossa pobreza existencial."[9]

Podemos observar o mundo do namoro moderno e nos perguntar se vale a pena proteger, ao custo de vidas humanas inocentes, esse estilo ilusório de vida que lutamos tanto para preservar. Não podemos proteger ambos.

A revolução foi propagandeada como uma reação à repressão puritana e ao ódio à carne. Deixando de lado a questão de saber se essa é uma apresentação justa da realidade precedente, o que não previmos foi que o hedonismo resultante seria apenas um novo tipo de ódio e desrespeito à nossa carne. Vemos isso no ódio à carne da posteridade – no caso, a de nossos filhos ainda não nascidos –, mas também na maneira como tratamos nossos próprios corpos. Sem uma conexão pessoal profunda e significativa, sem um núcleo de amor, acabamos exagerando e desfigurando nossa casca. Uma sociedade que não vê sentido no sexo fica obcecada com suas particularidades. Tornamo-nos, em última instância, feras e bonecas infláveis, caçando e se oferecendo.

Todavia, entre o puritano e o hedonista existe também o caminho do realista, para quem o sexo não é ruim nem sem sentido, mas bom, saudável e repleto de significado. Quem é realista a respeito do sexo sabe que qualquer ato de doação plena inclui o futuro de cada amante, e por isso preserva o

---

9 Anthony Esolen, "When Reason Does Not Suffice: Why Our Culture Still Accepts Abortion", *Public Discourse*, 3 de abril de 2019: <https://www.thepublicdiscourse.com/2019/04/50665/>.

sexo para um contexto de amor profundo e de permanência. O realista sabe que, se o sexo não tem sentido, então ele também não tem e que, ao nos pedir para não sacrificarmos nada, a autonomia sexual nos custa tudo.

A nova mulher

Como esse estilo de vida nocivo nos foi vendido com tanta eficácia? Em parte porque, durante anos, nos foi glamourosamente embalado e apresentado por meio da cultura popular. Este é um terreno bem trilhado, mas, nas últimas décadas, os programas de TV claramente deixaram de se centrar na família para adotar um tom hostil a ela, ainda que de maneiras aparentemente inócuas. A personagem Rachel, da série *Friends,* é apresentada ao público após deixar o noivo no altar. Ele era de fato um vilão, mas a verdadeira mensagem a ser transmitida ao longo da série era a de que ela criara sua própria "família": adoráveis amizades urbanas coloridas pelo sexo fácil e por piadas sobre os hábitos pornográficos dos simpáticos personagens masculinos. A fuga do casamento é um tema repetido no filme *Noiva em fuga* e em *sitcoms* como *Suddenly Susan,* que também partem da premissa de uma protagonista feminina que se afasta de seu noivo a fim de começar sua vida de solteira na cidade.

Provavelmente o programa mais icônico a retratar o novo normal para as mulheres foi o populariíssimo *Sex and the City.* Esta série foi como uma irresistível propaganda de algodão doce para elas. Assim como teve uma influência descomunal na moda feminina, também influenciou seu comportamento. Inevitavelmente, houve um grande abismo entre o modo como a vida de Carrie era apresentada e como ela se traduzia na realidade de suas fãs. Encontros casuais depois de uma noite tomando *cosmopolitans* são decerto menos glamourosos na vida real. Os desejos materiais encorajados pelo programa eram imprudentes para todas, exceto para uma elite. Ainda menos mulheres poderiam sustentar aquela sexualidade licenciosa sem duradouras feridas físicas e emocionais. A mecânica social de uma cultura de crescente casualidade nos relacionamentos conduz ao aumento da população de homens grosseiros e mimados e de mulheres que se sentem usadas e descartadas.

O público moderno e bem-pensante considera *Leave it to Beaver* o reflexo artificial de uma domesticidade socialmente imposta e, em última análise, insatisfatória. Mas *Sex and the City* foi o *Leave it to Beaver* da revolução sexual: uma representação brilhante, mas em desacordo com a triste realidade. Nossa concepção da vida movimentada de algumas mulheres sexualmente libertinas e altamente ambiciosas criou uma geração de solteiras fingindo uma vida de glamour tão vazia quanto prejudicial.

Girls, série que poderia ser tida por enteada de *Sex and the City*, foi em muitos aspectos uma resposta a essa falta de autenticidade. Enquanto *Sex and the City* apresentava o apelo e o glamour da revolução, *Girls* lutava contra sua feiura. Todavia, ao tratar da tristeza e dos complexos problemas decorrentes da cultura do sexo casual, *Girls* garantia às mulheres que este é apenas o custo de seu empoderamento e um efeito de sua opressão; reconhecia a realidade, mas a contextualizava de modo favorável à revolução. Suas feridas são reais, suas falhas também, e às vezes sua vida é um desastre: é isso o que *Girls* parecia afirmar, identificando essas coisas de uma forma como *Sex and the City* não fizera; no entanto, essa identificação não pretendia levar ao questionamento dos pressupostos que conduziram as mulheres até lá, mas apenas, depois do diagnóstico acertado, normalizar a disfunção e propor como resposta um feminismo ainda mais radical. Se *Sex and the City* pintara uma fantasia, *Girls* ao menos denunciou essa fantasia. No entanto, em vez de voltar para a luz, sua sugestão consistia em abraçar o niilismo. Tratava-se de algo mais parecido com uma rendição do que com um chamado à busca de algo maior e melhor.

A injustiça da política identitária

A grande tristeza da ideologia *woke* vem de seu rastro de destruição e da maneira circular como até mesmo essa destruição nos leva a nos apegar ainda mais à ideologia. O esforço por minar e cortar os fios naturais e coesivos da cultura criou gerações de pessoas feridas e em busca de justiça. Porém, em vez de lidar com essas feridas, a ideologia *woke* procura explorá-las, alimentando sua raiva de modo a que possa ser usada para promover a destruição.

Um aspecto estranho, mas muito humano, do sofrimento está em que podemos reagir a ele de maneiras perfeitamente erradas. Temos a tendência, após o trauma, de ficar rabugentos por causa de nossa tragédia, de nos ofender rapidamente com uma mensagem de compaixão bem-intencionada mas mal formulada, ou de desconfiar da boa vontade de alguém a nosso respeito. Podemos conservar nossos traumas vigorosamente, alimentando-os dia após dia; e, ao fazê-lo, podemos nos exaltar a um patamar peculiar que apenas nós, os que sofremos muito, podemos alcançar. Nosso trauma pode se tornar um troféu e uma arma.

Um exemplo gritante – em meio a muitos outros – nos últimos anos foi a reação feminista às acusações contra o juiz Brett Kavanaugh. A ladainha de testemunhos pessoais de abuso relatados em resposta às audiências de Kavanaugh foi de partir o coração. Sobreviventes desses abusos viram, em Christine Blasey Ford, uma mulher comum ferida, injustiçada e com medo. Em Brett Kavanaugh, viram seu agressor e, na cor de sua pele, o privilégio de que gozava. Esse fenômeno de identificação ficou simbolizada por um artigo *do Washington Post* intitulado "Somos todos Christine Ford. Ou Brett Kavanaugh".[10]

---

10 Christine Emba, "We Are All Christine Ford. Or Brett Kavanaugh", *The Washington Post*, 29 de setembro de 2018: <https://www.washingtonpost.com/opinions/we-are-all-christine-ford-or-brett-kavanaugh/2018/09/29/d19253ec-c36c-11e8-b338-a3289f6cb742_story.html>.

O problema é que não, não somos. Esta é exatamente a maneira errada de pensar e falar se tivermos qualquer preocupação com a justiça. A experiência dolorosa de uma pessoa, por mais dolorosa que seja, não nos diz exatamente nada sobre Kavanaugh ou a veracidade da acusação de Ford.

Se ouvíssemos centenas de homens relatando terem sofrido acusações falsas e difamatórias, teríamos de ficar do lado de Kavanaugh? Claro que não. As experiências de outras pessoas não são evidência da culpa de um indivíduo que não está envolvido num caso específico. As experiências individuais são o que são.

Se queremos falar sobre histórias pessoais a fim de fomentar a empatia ou de identificar e remediar um padrão de abuso em nossa sociedade, podemos fazê-lo, mas fora de tais contextos. É um grave erro judiciário aplicar um padrão estatístico ou social a um indivíduo com a intenção de condená-lo.

Eis um experimento mental: um homem afro-americano de uma cidade com alto índice de criminalidade é acusado de um crime por determinada mulher. Não há provas nem corroborações; a queixa, no entanto, parece sincera, e existem estatísticas convincentes desse tipo de crime sendo cometido por outros homens de perfil semelhante. Ele tem acessos de raiva enquanto se defende. Logo as redes sociais e outras mídias começam a pulular com histórias de mulheres relatando experiências traumáticas com homens muito parecidos com aquele em particular. Elas afirmam ver no homem em questão uma representação de seus agressores. Na acusadora, podem contemplar a si mesmas, enquanto para elas o acusado representa o flagelo da agressão urbana. Absolvê-lo, dizem, seria um tapa na cara delas e revelaria um desprezo inescrupuloso pelo que sofreram. Elas invadem o tribunal bradando suas histórias de dor e exigindo que aquele homem seja punido por tudo isso.

Histórias assim seriam relevantes para a questão da culpa ou da inocência? Não ficaríamos horrorizados se o afro-americano fosse condenado, mesmo que apenas no tribunal da opinião pública, por causa não de uma alegação comprovada, mas pelo mero fato de que fora feita uma acusação posteriormente agravada pelos testemunhos solidários de outras pessoas com experiências traumáticas de perfil semelhante? Conquanto achássemos triste, mas irrelevante, que elas tivessem sofrido essas coisas terríveis, não consideraríamos também terrível o fato de sua dor ser exposta a fim de convencer as pessoas a condenar precisamente aquele homem, que elas nunca tinham visto?

"Mas! Mas!", pode-se protestar. "Isso seria ofensivo porque os negros têm um saldo negativo de privilégios!" Talvez isso seja verdade, mas, acima de tudo, trata-se de algo ofensivo porque um princípio básico da justiça é este: não determinamos a culpa de alguém com base numa identidade grupal, seja por meio de padrões sociais, de estatísticas ou da injunção de histórias dolorosas de pessoas não relacionadas ao processo. Não remediamos a discriminação irracional com mais discriminação irracional.

A respeito das audiências de Kavanaugh, um artigo do *New York Times* deu espaço a essa política identitária alimentada pela raiva: "Depois de um processo de sondagem em que as mulheres praticamente cortaram os pulsos, deixando suas histórias de trauma sexual correrem como rios de sangue através do Capitólio, o Senado ainda votou a favor da confirmação do juiz Brett M. Kavanaugh para a Suprema Corte [...]. Enquanto isso, a senadora Collins nos submeteu a uma ladainha fúnebre sobre o devido processo legal e algumas outras baboseiras que eu nem consegui ouvir em meio à enxaqueca de raiva que ela me causou ao anunciar, na sexta-feira, que votaria por confirmar o juiz Kavanaugh. Seus colegas, em sua maioria homens, a aplaudiram."[11]

Noutras palavras, as experiências de mulheres totalmente alheias àquela acusação eram suficientemente relevantes

---

11 Alexis Grenell, "White Women, Come Get Your People", *The New York Times*, 6 de outubro de 2018: <https://www.nytimes.com/2018/10/06/opinion/lisa-murkowski-susan--collins-kavanaugh.html>.

para o caso, o devido processo legal era uma baboseira e as palavras razoáveis da senadora Susan Collins deveriam ser rejeitadas por causa do sexo daqueles que a aplaudiram. A política identitária não tolera a razão.

Associar a justiça individual à justiça coletiva é abandonar a justiça por completo. A justiça não elogia ou condena as pessoas, tampouco avalia sua honestidade ou cumplicidade à luz de seu pertencimento a determinado grupo, ou porque tenham uma determinada cor de pele, ou por fazerem parte de determinada classe econômica, ou por serem mulher ou homem. Se nossa preocupação é com a justiça, precisamos aplicar princípios justos; do contrário, o preço de ser *woke* é ter os olhos bem abertos, mas as mentes profundamente adormecidas.

A confirmação de Kavanaugh não foi um tapa na cara de todas as sobreviventes de abuso. Ele não foi confirmado porque o estupro seja irrelevante ou porque Collins é inimiga da mulher. Ele foi aceito no cargo porque, segundo qualquer parâmetro de justiça, uma acusação não corroborada e desacompanhada de provas, feita por qualquer pessoa, deve ser insuficiente para destruir ou prejudicar qualquer um – independentemente de sua cor, sexo ou origem.

Se queremos que nossas histórias de dor – não importa quão numerosas e pungentes – sirvam de prova para condenar outra pessoa, então o que queremos não é justiça, mas vingança. O que queremos não é um remédio social, mas um bode expiatório. E, nesse caso, estamos sendo guiados por algo mais comparável ao fanatismo que aos princípios.

Sem um princípio universal, a "justiça" torna-se preferência e passa a depender da interpretação histórica de uma perspectiva a-histórica; exigirá meios injustos para alcançar o fim desejado; e procurará encobrir as feridas com que se deparar em vez de lidar com a ferida em si. De fato, muitas das feridas que levam as pessoas a esse tribalismo têm suas origens em circunstâncias celebradas e incentivadas pela cultura *woke*: a dissolução da família como célula primária da sociedade humana; a rejeição dos costumes sexuais que serviam para proteger a saúde e a integridade da dinâmica entre homens e mulheres; e o apoio intransigente ao aborto, que deixou em milhões de mulheres um remorso profundo e doloroso que elas não conseguem sequer nomear. São feridas e cicatrizes infligidas a uma sociedade que nega a realidade fundamental da pessoa humana corporificada.

Gnosticismo

Desejamos dominar nossos corpos, fazer com que nossa vontade triunfe sobre eles. Imaginamos que seríamos mais livres considerando o corpo uma gaiola sem sentido, a qual pudéssemos manipular sem ter de respeitar qualquer sentido real que lhe fosse intrínseco. Por trás de muitos erros modernos se esconde a velha heresia do gnosticismo.

A negação de uma natureza humana inteligível gera um caos específico de pessoas em guerra com seus próprios corpos. Para dizer que posso ser *qualquer coisa*, eu preciso, de fato, não querer dizer *nada*, pois ser *algo* sempre exclui ser algo mais. E este é, em última análise, o objetivo da teoria *queer* – atacar a normatividade e desconstruir a realidade corporal. James Lindsay escreve que o objetivo "é criar um sexo/gênero/identidade sexual único, que mais ou menos qualifique todas as pessoas (ou todas as pessoas boas segundo a teoria *queer*) como *queer*... A teoria *queer* não está necessariamente tentando criar, de modo explícito, um sexo/gênero/identidade sexual 'certo' para todos, mas com certeza está tentando subtrair todo sentido ou significado a qualquer categoria estável de sexo/gênero/identidade sexual, tornando a identidade *queer* o padrão."[12]

Em 1993, o Papa São João Paulo II escreveu: "Uma liberdade que pretenda ser absoluta acaba por tratar o corpo humano como um dado bruto, desprovido de significados

---

[12] James Lindsay, "Authentic", *New Discourses*, 25 de junho de 2020: <https://newdiscourses.com/tftwauthentic/>.

e de valores morais enquanto aquela não o tiver moldado com o seu projeto."[13] O esforço por nos desvencilharmos do significado de nossos corpos se manifesta no ativismo trans, na falta de sentido atribuído ao sexo e também na supressão do sentido das diferenças entre homens e mulheres. Das duas, uma: ou desistimos de nossa identidade como agentes voluntários autônomos ou desistimos de nossa identidade como algo intimamente ligado à nossa biologia.

É difícil negar coerentemente o sentido objetivo do corpo, e essa negação gera todo tipo de monstruosidade. As consequências de uma negação do significado corporal eram uma grande preocupação de São João Paulo II, que estava familiarizado com as violações do corpo perpetradas sob a bandeira do redutivo materialismo socialista. Nos campos de concentração, além dos horrores do genocídio, os prisioneiros também eram usados como cobaias em experimentos feitos em nome da ciência. Vários tipos de bactérias eram injetados em seus corpos, causando desde feridas dolorosas até infecções e mortes agonizantes.

Agora que entramos nesta terceira geração da revolução sexual, o colapso de que Unwin nos alertou e a negação irracional da realidade corporal podem ser vistas com clareza.

Em 2018, uma película sobre uma mulher tendo relações sexuais com um peixe recebeu o Oscar de melhor filme. Em qualquer momento da cultura, há sempre muito a comentar, mas este se destaca. Quase podemos ouvir o discurso sexual *woke* nas sessões de elaboração do roteiro: "Ok, aceito seu trisal e dobro a aposta com sexo anfíbio!" Avante para a próxima fronteira.

O filme foi convenientemente intitulado *The Shape of Water* – um nome inteligente, é claro, porque a água não tem forma, mas é sempre fluída, em constante mudança, o mascote perfeito para uma ideologia que rejeita quaisquer restrições da natureza e, em vez disso, dobra os joelhos ao desejo desenfreado. Esta guerra é, afinal, uma guerra contra

---

13 Papa São João Paulo II, *Veritatis splendor*, n. 48.

o corpo, contra a forma, contra uma natureza imbuída de propósitos e normas.

Não é que não acreditemos mais na existência de um bem humano; é que nos convencemos de que nosso bem maior é a realização de nossos desejos individuais como expressão de nossa autonomia. Cremos num bem maior sem definição ou sentido. Mas a autonomia, divorciada da natureza, dá ensejo a disputas entre as vontades concorrentes, o que termina em violência.

Essa exaltação da autonomia pessoal nos obriga a relegar à esfera da opinião privada as questões sobre como devemos viver, justamente aquelas que nos afetam mais profundamente. Em vez de tratar com seriedade moral nossos desejos de conexão, amor e sexo, trilhamos estupidamente os caminhos materialistas que nos são apresentados, com nossa autonomia no bolso.

No mercado de pessoas, tudo é barganha. As moedas podem ser o dinheiro, o poder, a atratividade sexual. Nós mercantilizamos as pessoas por meio do sexo casual, do *show business*, da pornografia, da prostituição, da escravidão; e tudo isso é uma expressão da mesma coisa, variando em grau, mas não em espécie. Nós ensinamos a nós mesmos e uns aos outros que a pessoa é uma coisa a ser usada de acordo com nosso desejo. Algo que posso comprar é algo que posso possuir e com o qual tenho o direito de fazer o que quiser. E qualquer coisa à qual eu tenha um possível direito torna-se algo cuja dominação eu posso racionalizar. A regra do desejo, com o tempo, torna-se formidável demais para a frágil barreira do consentimento.

Nessa fossa, todos os envolvidos ficam entediados, tornam-se infelizes e, em algum momento, acabam experimentando diversos níveis de abuso. Parece que estamos despertando para o fato de que estamos nos afogando. O ser humano não foi feito para viver andando sobre a água; em algum momento, antes que o desespero de sua situação o domine, ele deve reconhecer que não está chegando a lugar nenhum e que sente exausto.

A Revolução Sexual

Num artigo recente *publicado no New York Times*, uma mulher defende o celibato secular. Refletindo sobre sua decisão, especula ela: "Talvez não precisar da atenção de um homem, já que tenho a mim mesma, seja uma forma de empoderamento. Todas as minhas noites de pranto insone, me perguntando se ele iria me ligar de novo, se ele ainda gostava de mim, se algo em mim além da minha vagina teria valor – todas essas dúvidas acabaram quando deixei de lidar com homens. Nunca estive tão feliz."[14]

Essa rejeição ao sexo oposto acompanha outras tendências recentes por parte de pessoas que estão dando de ombros para o pequeno valor que ainda possam ver no mercado de barganhas sexuais. Amor e felicidade se parecem, para muitos, com a névoa que sobrou de uma história infantil. O prazer se torna mais evasivo quanto mais banal e sem amor é sua busca – e, seja como for, com a autonomia de hoje ninguém realmente precisa de outra pessoa para alcançá-lo. Nesse contexto, a rejeição ao sexo oposto parece inteiramente razoável. Até a moda está se tornando cada vez mais assexuada ou andrógina. Na sempre fluida batalha entre os sexos, não apenas rejeitamos o outro, mas acabamos rejeitando a nós mesmos.

Em seu impulso, este é um ato de autopreservação. Dizemos a nós mesmos: "Assim é melhor; estou mais tranquilo e, em comparação com aquela velha e exaustiva necessidade de andar sobre as águas, estou vivendo muito bem." Mas passar uma vida sozinho e agarrado a uma jangada, embora seja menos cansativo, ainda é insatisfatório.

Cada verdade pode ser acessada a partir de vários ângulos. Do mesmo modo, quando algo está errado, podemos perceber algum aspecto de seu erro de várias maneiras. Contudo, como exemplificam tantas reações hoje, as nossas tendem a ser mais uma fuga do que uma solução.

---

14 Sanam Yar, "I Quit Dating Entirely", *The New York Times*, 20 de janeiro de 2020: <https://www.nytimes.com/2020/01/20/style/no-sex-celibacy.html>.

Este modelo de vontade e dominação não pode conter nem cruzar o vasto oceano que é o amor humano verdadeiro. Ao contrário, nós nos tornamos cada vez mais mecanizados, menores e atomizados, rolando telas e piscando, robóticos, dependentes de baterias. O resultado da vontade desenfreada é, naturalmente, não um super-humano, mas um sub-humano.

Somos atraídos pela água, que desde longas eras tem simbolizado o mistério, a vida, o renascimento. Mas não somos anfíbios. Compreensivelmente, muitos procuram uma jangada, rejeitando a água por completo. Todavia, se olharmos além do nosso presente, podemos ver que existe outra maneira de ser; que não precisamos rejeitar a água e vagar pelo deserto, nem nos agarrar eternamente a uma jangada. Veremos que existe uma costa, uma embarcação e outra forma de viver. Uma vida não sem luta, mas em que se luta para ser lindamente encarnado e intimamente humano – ser homem, ser mulher – e rejeitar, como coisas deploráveis, as carnavalescas imitações de ambos.

9
Controle de pensamento e discurso

Enquanto a filósofa judia Hannah Arendt assistia ao julgamento de Adolph Eichmann, o arquiteto do Holocausto, esperava enxergar nele alguma encarnação do mal. Em vez disso, o que ela descobriu foi mais desconcertante: ele parecia comum, até banal. Não havia nada em Eichmann que levasse um observador a identificar as monstruosas e demoníacas atrocidades que ele havia orquestrado. E ela discerniu algo mais. "Não era estupidez, mas uma curiosa e autêntica incapacidade de pensar."[1] Arendt viu em Eichmann alguém superficial, capaz de seguir as ideias até seu fim lógico, sem examinar ou questionar suas premissas.

Arendt não pretendia que sua caracterização fosse interpretada como um comentário sobre o QI de Eichmann. Também não pretendia insinuar que ele não era capaz de pensamento crítico. Comentando sobre a experiência de Arendt, Jack Kerwick observa: "Em vez disso, o ponto dela estava em que Eichmann não demonstrava interesse em pensar além dos clichês – os *memes*, os *slogans* de para-choque e as *hashtags* – de sua época... É crucial para o leitor reconhecer que, como Arendt bem sabia, o fenômeno

---

1 Jack Kerwick, "The Great UnReason of 2020: The 'Curious, but Quite Authentic, Inability to Think'", *FrontPage*, 7 de maio de 2020: <https://cms.frontpagemag.com/fpm/2020/05/great-unreason-2020-curious-quite-authentic-jack-kerwick>.

que ela testemunhara em Eichmann era endêmico aos seres humanos em geral."[2]

O que nos resta é a terrível constatação de que não havia nada de único em Eichmann. A capacidade de pensar criticamente é um componente essencial para nos prepararmos para resistir à maldade. Abandonar esse aspecto distintivamente humano de nossa natureza nos deixa suscetíveis aos caprichos de uma turba, de um governante ou de nossas próprias inclinações. *Slogans* são um recurso essencial para a propaganda e a ideologia; como tal, são uma ferramenta poderosa quando associados ao declínio do pensamento crítico.

Pensamento crítico *versus* teoria crítica

Como o sociólogo Unwin descobriu, há pelo menos uma relação correlativa entre o aumento da liberdade sexual e a regressão do raciocínio. A segunda característica da ideologia *woke* nos mostra que o vínculo entre a exaltação da vontade e a rejeição da razão é mais do que meramente correlativa. Se quisermos que o fato de desejarmos algo baste para justificar nossa busca por esse algo, teremos de suspender o pensamento crítico sobre nossas ações.

A rejeição da razão e da natureza criou raízes também em decorrência da substituição do pensamento crítico pela teoria crítica. Esta tem sido o motor do pensamento acadêmico há décadas, e seus métodos permeiam todas as disciplinas e assuntos.

O pensamento crítico, na tradição liberal clássica, baseia-se na realidade de que somos animais racionais, capazes de usar nossas habilidades para observar o mundo, discernir princípios universais e fazer avaliações normativas. Podemos discernir, geralmente, entre o que *deveria* ser e o que é e desenvolver, testar e refinar argumentos, avaliando as premissas e a lógica utilizadas. Por meio do rigor intelectual,

---

2 *Ibid.*

podemos absorve mais plenamente nossas ideias e avaliar a validade e veracidade das ideias alheias, visando chegar à verdade.

Essencial ao pensamento crítico é a disciplina para entender os melhores argumentos contrários à posição que defendemos. São Tomás de Aquino exemplificou isso na *Suma teológica*. O Doutor Angélico primeiro faz uma pergunta e, então, levanta os argumentos mais fortes contra a resposta que ele finalmente dará. Mesmo depois de explicar seu *sed contra,* Tomás de Aquino tira o melhor proveito de cada objeção à luz de seu entendimento. Portanto, somente após considerar cuidadosa e minuciosamente todas as posições contrárias dignas, ele mostra ao leitor como cada argumento em oposição aos dele contém alguma falha central.

Na linguagem moderna, poderíamos chamar isso de *boneco de ferro*. Enquanto a técnica argumentativa do *espantalho* (ou seja, um boneco de palha) é a falácia de atacar a proposição mais fraca de seu oponente, o *boneco de ferro* consistiria em argumentar contra o melhor argumento apresentado – ou até contra um melhor do que os apresentados.

Implícitos no rigor do pensamento crítico estão a preeminência que ele dá à busca da verdade e o reconhecimento de que nosso desejo de ter razão pode tender a corromper a integridade dessa busca.

Em contraste, o propósito da teoria crítica é apoiar a ideologia do marxismo cultural e produzir ativistas em vez de chegar à verdade. Engajar-se na teoria crítica é filtrar toda a humanidade através das lentes do poder, a fim de reverter a dinâmica de poder da classe opressora dominante. O poder, e não a verdade, é que se faz primordial para o teórico crítico. O fato de muitos de nós não percebermos a distinção entre esses dois métodos leva a muita frustração. A grande força do pensador crítico está em que ele ansiosamente incentiva o leitor à crítica. A grande arma dos teóricos é criticar avidamente, mas nunca aceitar crítica. Um lado pensa que a norma ainda é o pensamento crítico, enquanto os ideólogos percebem que o que está em jogo não é a fala, mas uma disputa de poder.

Essa forma de desmantelar o pensamento crítico foi, e continua a ser, obtida por meio da consagração da teoria crítica na maior parte da educação ocidental. Ao aplicar um filtro de suspeita a todos os campos de estudo, nenhuma obra de arte, acontecimento histórico ou argumento fundamentado pode ser visto objetivamente. Há sempre uma dinâmica de poder a ser descoberta e desmantelada. Tudo se torna político.

Este não é um assunto bobo, relegado à torre de marfim e com ramificações meramente acadêmicas. Hannah Arendt notou que *slogans* superficiais e a falta de vontade de pensar podem levar pessoas comuns a monstruosidades inimagináveis. Nos motins de 2020, isso foi demonstrado pela incapacidade dos progressistas de condenar, eficaz e inequivocamente, a violência e a destruição. Se a verdade é efeito do poder, as ações injustas tornam-se muito mais palatáveis se puderem ser vistas como vantajosas para a causa certa.

Discurso submisso, pensamento submisso

Para o *woke*, a pessoa em posicionalidade oprimida goza tanto de uma maior percepção quanto do direito de silenciar a pessoa na posição de domínio. Um exemplo disso é o refrão comum de que, se você não tem útero, não pode falar sobre aborto. Isso costumava ser considerado uma falácia *ad hominem* – rejeitar um argumento por causa da identidade do seu proponente. Por exemplo, seria *ad hominem* dizer que um abolicionista branco não pode falar contra a escravidão, ou que uma mulher não pode dizer que os homens não devem assistir pornografia, ou que uma pessoa celibatária não pode dizer que a infidelidade conjugal é ruim.

De acordo com os *woke*, não é o peso do argumento, mas a cor da pele, o gênero ou a sexualidade do falante o que determina a correção ou incorreção do discurso. E, mesmo assim, ter a identidade oprimida só dá credibilidade ao argumento se o falante defender a ideologia correta. Um homem branco que defenda a ideologia *woke* não precisa dar razão a uma mulher negra que a rejeite.

Várias mensagens surgiram após os vídeos horríveis de um policial com o joelho no pescoço de George Floyd. "Ouça mais e fale menos" era uma exortação comum. Os brancos foram instados a "sentar-se e *ouvir*". Essas mensagens não chegavam a surpreender; e, se consideradas individualmente, certamente é bastante valioso ouvir uma comunidade que sofreu danos específicos.

Só que, desta vez, elas vieram acompanhadas de um novo e contraditório grito de guerra. Em vez de dizer aos brancos para apenas ficarem calados e ouvir, a mensagem acrescentava que o silêncio dos brancos era violência. Não basta não ser racista: agora é a hora de ser manifestamente antirracista. As duas mensagens (fique em silêncio/seu silêncio é violência) foram proferidas repetidamente mesmo sendo contraditórias, refletindo a discórdia caótica em que todos vivemos. O movimento quer que os receptores do privilégio branco se arrependam, *mas também permaneçam sem perdão*. Os privilegiados devem expressar tristeza e vergonha diante de seu privilégio, ao mesmo tempo que se encolhem em silêncio por causa dele. Só uma possibilidade resiste à combinação entre "palavras são violência" e "silêncio é violência": o discurso ideologicamente aprovado e compulsório.

A norma mudou: antes, consistia em dar às pessoas o benefício da dúvida até que provassem que estamos errados; hoje, porém, devemos presumir que todos os de pele branca são racistas e que o melhor que podem fazer é se aliar publicamente à ideologia do *Black Lives Matter*.

"Vidas negras importam" é uma afirmação verdadeira e boa que nenhuma pessoa decente pode negar. Vidas negras importam por causa de nossa humanidade comum e da dignidade da pessoa feita à imagem de Deus. Mas o movimento *Black Lives Matter* é explícita e agressivamente neomarxista. Assim lemos em sua declaração de crenças: "Combatemos a exigência da estrutura familiar nuclear prescrita pelo Ocidente... Promovemos uma rede de afirmação *queer*. Quando nos reunimos, fazemo-lo com a intenção de nos libertar das garras do pensamento heteronormativo."[3] Propor que a solução dos problemas das pessoas negras passe por promover a teoria *queer* e violar a unidade familiar é, francamente, uma insanidade. Contudo, a plataforma desse movimento é a nova referência necessária para que afirmemos nossa boa-fé contra o racismo.

A cofundadora do *Black Lives Matter*, Patrisse Cullors, disse em um vídeo de 2015 que ela e seus colegas organizadores eram "marxistas treinados".[4] Em seu livro *How to be an Antiracist,* o autor Ibram X. Kendi afirma que o capitalismo é essencialmente racista e que o racismo é essencialmente capitalista. Escreve ele: "Ambos nasceram juntos, das mesmas causas não naturais, e juntos morrerão um dia de causas não naturais."[5] Para não sermos racistas agora, aparentemente temos de abraçar sexualidades alternativas, apoiar a ruptura da família nuclear e endossar o socialismo.

Disciplinando hereges

A guinada militante nos Estados Unidos em 2020 deixou todos muito menos livres para questionar esses princípios e táticas ideológicas. Quando um professor da UCLA se recusou a cancelar as provas finais para alunos negros após os vídeos de George Floyd, foi exposto pelos alunos, e a universidade o pôs em licença compulsória.[6] O jogador de

---

3 Em <https://blacklivesmatter.com/what-we-believe/>. Acessado em 1º de julho de 2020. Meses depois, a página foi removida.

4 Yaron Steinbuch, "Black Lives Matter co-founder describes herself as 'trained Marxist'", *New York Post,* 25 de junho de 2020: <https://nypost.com/2020/06/25/blm-co-founder-describes-herself-as-trained-marxist/>.

5 Kendi X Abrams, *How to Be an Antiracist* (publicação independente), 2020, p. 163.

6 James Varney, "Professor suspended for refusing to give some special treatment in wake of Floyd's death, defended", *The Washington Times,* 10 de junho de 2020: <https://www.washingtontimes.com/news/2020/jun/10/gordon-klein-ucla-professor-suspended-doling-speci/>.

futebol profissional Aleksander Katai foi dispensado de seu time, não por algo que tenha feito, mas porque sua esposa criticou o movimento BLM nas redes sociais.[7] Um ex-ministro canadense perdeu três empregos depois de dizer que não achava o Canadá um país racista.[8]

Mesmo entre os grupos religiosos, os dogmas *woke* estão se tornando sacrossantos. Tal foi o caso de Jack Denton, estudante da Florida State University que descobriu que a liberdade de expressão não se aplica à crítica do BLM. Num bate-papo em grupo privado de membros da União dos Estudantes Católicos, quando colegas católicos enviaram links em apoio ao BLM, Denton informou ao grupo que eles apoiam coisas que são anticatólicas, como transgenerismo e aborto. Quando alguns alunos se ofenderam, ele escreveu a seus companheiros católicos: "Se eu ficasse calado, vendo meus irmãos e irmãs apoiando uma organização que promove males graves, eu pecaria por causa do meu silêncio. Amo todos vocês e quero que todos estejamos cientes da verdade."[9]

Poderia ter terminado aí, mas um aluno vazou seu comentário para a associação do governo estudantil, na qual Denton atuava como presidente do senado discente. Um colega senador afirmou que as palavras de Denton mostravam a intenção de ferir emocional e fisicamente outros alunos. Em resposta, alguns senadores alegaram sentir-se inseguros perto dele. Uma votação para afastá-lo terminou

---

[7] Sam McEvoy, "LA Galaxy release midfielder Aleksander Katai following 'racist' posts made by his wife on social media that called for protestors to be 'killed' during Black Lives Matter Movement", *Daily Mail*, 5 de junho de 2020: <https://www.dailymail.co.uk/sport/sportsnews/article-8392937/LA-Galaxy-release-Aleksandar-Katai-following-racist-posts-wife-social-media.html>.

[8] Peter Zimonjic, "Stockwell Day exits CBC commentary role, corporate posts after comments about racism in Canada", *CBC*, 3 de junho de 2020: <https://www.cbc.ca/news/politics/stockwell-day-systemic-racism-canada-1.5597550>.

[9] Allie Langhofer, "A Student Punished for Privately Sharing Religious Views", *Alliance Defending Freedom*, 14 de julho de 2020: <https://adflegal.org/blog/student-punished-privately-sharing-religious-views?fbclid=IwAR2KYI4bKJsr0qnpe58H9oHzcSElJcTDVATpGxBu4ZGxkHJ_3CUucOhykIQ>.

com a maioria a favor de sua remoção, mas ficou aquém da maioria necessária de dois terços.

Uma petição da Change.org circulou pedindo seu afastamento e afirmando que Denton era transfóbico e racista. Os senadores que votaram contra a remoção de Denton foram pressionados por seus colegas a mudar seus votos, a fim de que também não fossem acusados de transfobia e racismo. Denton, que havia servido com distinção e aparentemente era bem-visto por todos até então, foi afastado após uma nova votação.

Em bate-papo num grupo católico privado, Denton respeitosamente difundiu informações importantes sobre o ensino moral católico, e isso foi considerado inaceitável. Descobriu-se que seu substituto, Ahmed Omar Daraldik, fizera comentários antissemitas carregados de palavrões em postagens de mídia social. Daraldik não apenas não foi afastado, como nem mesmo um pedido de afastamento foi posto em pauta.

O caso de Denton foi assumido pela organização sem fins lucrativos *Alliance Defending Freedom*. Embora um juiz distrital dos EUA tenha decidido que Denton não deveria ser reintegrado, o sistema judiciário interno da FSU decidiu a favor do exercício da liberdade de expressão e, posteriormente, o reintegrou. Embora o resultado tenha sido justo, Denton descobriu nesse processo o que muitos outros também vieram a descobrir: que o ensino católico, agora, pode ser classificado como um perigoso discurso de ódio. Todavia, mesmo que alguém se acovarde com tais táticas e papagueie alegações progressistas, não há garantia de que satisfará o militante *woke*. O privilégio sempre levantará suspeitas sobre todos. A célebre autora e conselheira racial Robin DiAngelo escreve: "Acredito que são os progressistas brancos os que causam o maior dano diário às pessoas negras. Eu defino o progressista branco como qualquer pessoa branca que pensa que não é racista, ou que é menos racista, ou que faz parte do 'coro', ou que já 'entendeu'".[10]

DiAngelo diz, em seguida, que devemos insistir em que os progressistas brancos realizem um autoexame contínuo de seu racismo internalizado e sejam reeducados em doutrinas antirracistas. Mesmo no final deste esforço vitalício, se for dito a um progressista branco que ele é racista, qualquer defesa que ele apresente contra tal acusação será apenas mais uma prova de sua veracidade. A negação do racismo é a prova do racismo. Trata-se de um esforço inútil e vitalício de autoflagelação sem redenção.

Não só não há esperança em nível pessoal, como também não há possibilidade de reconciliação entre os grupos. Uma pessoa branca que prometa examinar continuamente seu privilégio e se comprometa com o ativismo para sempre pode ser momentaneamente aceita (embora ainda permaneça um opressor por toda a vida), mas o grupo privilegiado como um todo não pode sê-lo. Nenhum grupo jamais será monolítico: sempre haverá vozes díspares. Enquanto houver vozes que não dão assentimento dogmático ao acordo, não haverá reconciliação entre os grupos. Em todo caso, a reconciliação nunca foi o objetivo final.

Expansão conceitual e microagressões

Musa al-Gharbi, sociólogo da Universidade de Columbia, escreveu convincentemente sobre a evolução da nossa compreensão do racismo. No passado, as acusações de racismo eram reservadas a atos abertamente racistas, a visões preconceituosas ou à animosidade racial. Esses atos e expressões de preconceito são muito menos comuns agora, bem como muito menos passíveis de aceitação. Ambos os desenvolvimentos, observa al-Gharbi, são inquestionavelmente

---

10   Robin DiAngelo, *White Fragility: Why It's So Hard for White People to Talk About Racism*, Beacon Press, 2018, introdução.

positivos, mas ele observa outro desdobramento paralelo a esse progresso: nosso conceito do que consideramos racista está em constante expansão. "Em função do aumento do capital social em jogo quando são feitas acusações de racismo e da diminuição das oportunidades de alavancar esse capital ao 'denunciar' casos óbvios de racismo, (...) agora é possível ser qualificado de 'racista' a partir de coisas como microagressões e atitudes implícitas."[11]

Uma gritaria com acusações de racismo, ocorrida numa reunião do conselho de educação da cidade de Nova York, ilustra bem esse conceito assustador. A reunião já atingira um tom contencioso devido a um desentendimento sobre interdisciplinaridades acadêmicas. Alguns membros do conselho insistiram em encerrar o programa a fim de melhor integrar as escolas, enquanto outros argumentavam que as interdisciplinaridades permitiam aos professores lecionar para níveis acadêmicos semelhantes, o que resultava em aulas mais eficazes. Todos os membros defendiam uma melhor integração escolar, mas divergiam sobre a melhor forma de implementá-la.

Robin Broshi, mulher branca, *woke* e ex-presidente do grupo, acusou outro membro do conselho, Thomas Wrocklage, de racismo. Sua transgressão? Em reunião anterior, ele pegara no colo o sobrinho de um amigo visitante (que por acaso era negro), e a imagem de um homem branco com uma criança negra no colo era intolerável para Broshi. Ela explodiu: "As pessoas sentem-se *feridas* quando veem um homem branco com um bebê pardo no colo sem saber o contexto! Isso é prejudicial! Isso faz as pessoas chorarem!"[12]

Uma carta aberta assinada por dezenas de pais foi enviada ao presidente do conselho. Nela, queixavam-se de que "um homem branco se exibiu com um bebê negro no colo

---

11 Musa al-Gharbi, "Who gets to define what's 'racist'?", *contexts* (blog), 15 de maio de 2020: <https://contexts.org/blog/who-gets-to-define-whats-racist/>.
12 John Sexton, "NYC Education Council Meeting Erupts With Accusations Of Racism (Update)", *Hot Air*, 6 de julho de 2020: <https://hotair.com/archives/john-s-2/2020/07/06/nyc-education-council-meeting-erupts-accusations-racism/>.

em mais de uma ocasião". A missiva afirmava que qualquer pessoa negra teria sofrido danos emocionais ao testemunhar a cena, que havia sido "chocante, nojenta, ofensiva e racialmente incendiária".[13] O presidente do conselho foi ameaçado de destituição por não controlar o racismo de Wrocklage. Broshi o repreendeu, exigindo que ele lesse Ibram Kendi.

Os *woke* enfrentam um problema de oferta e demanda. A demanda por racismos a desmascarar está em alta, ao passo que a oferta de transgressões raciais encontra-se em baixa, gerando fervor e histeria por convencer as pessoas a ver racismo onde ele não existe. Robin DiAngelo evidencia isso: "Muitas vezes me perguntam se acho que a geração mais jovem é menos racista. Não, não acho. De certa forma, as adaptações do racismo ao longo do tempo são mais sinistras do que certas imposições concretas, como as das leis de Jim Crow". Além disso, DiAngelo observa: "A ideia simplista de que o racismo se limita a atos intencionais individuais, cometidos por pessoas cruéis, está na raiz de praticamente todas as defesas feitas por gente branca nessa esfera."[14]

Ao progresso, segundo DiAngelo, não se chega mediante leis justas e a diminuição dos atos de racismo, uma vez que ainda existe, dentro do coração de cada pessoa branca, toda uma hoste de indemonstráveis animosidades raciais. Com seus dogmas infalsificáveis, leis justas e comportamento justo não refletem relações raciais aprimoradas, mas apenas obscurecem o ainda mais sinistro racismo velado.

É indiscutível que o racismo tenha existido de forma generalizada, e é igualmente indubitável que ainda se trata de um problema hoje; atos de injustiça racial nos recordam essa realidade desumana. Mas alimentar a percepção

---

[13] Conor Friedersdorf, "Anti-racist Argument Are Tearing People Apart", *The Atlantic*, 20 de agosto de 2020: <https://www.theatlantic.com/ideas/archive/2020/08/meta-arguments-about--anti-racism/615424/>.

[14] Robin DiAngelo, *White Fragility: Why It's So Hard for White People to Talk About Racism*, p. 50.

de que ele se transformou em algo invisível e onipresente é destrutivo – e de duas formas. Primeiro, sob o verniz da compaixão, os progressistas brancos estão consolidando a percepção de que os negros são menos capazes de progredir na vida e têm menos arbítrio do que os brancos. A compaixão mal direcionada insinua inferioridade. Em segundo lugar, esse pensamento reifica e amplifica diretamente a animosidade racial. A obsessão pelas relações inter-raciais, numa constante busca pela menor transgressão que seja, inclusive pelas invisíveis e inconscientes, leva sociedades inteiras ao limite e realiza nas pessoas uma lavagem cerebral para que não enxerguem nada além de caracteres raciais em todas as suas interações diárias. Esta é uma receita certa para alimentar as tensões raciais; as pessoas verão coisas que não existem, interpretarão mal as intenções e presumirão o pior.

Musa al-Gharbi escreve que uma meta-análise recente das microagressões encontrou pouca fundamentação empírica a validar as alegações de danos que a literatura crítica da teoria racial declara *a priori*. No entanto, o dano causado pela sensibilidade exagerada ao racismo, à discriminação, à violência e à desigualdade raciais foi demonstrado por um grande número de pesquisas: "Há impactos muito bem estabelecidos e altamente adversos no bem-estar psicológico (e até físico) das pessoas negras quando se tornam mais atentas ao racismo, à desigualdade racial e à discriminação. Ou seja, não fomos (ainda) capazes de verificar empiricamente que as microagressões costumam ser prejudiciais, nem fomos capazes de medir efetivamente a extensão desse dano... No entanto, temos amplos motivos para acreditar que sensibilizar as pessoas para que percebam melhor e se ofendam mais com esses 'deslizes' realmente causaria danos."[15]

---

15 Musa al-Gharbi, "Who gets to define what's 'racist?'", *contexts* (blog), 15 de maio de 2020: <https://contexts.org/blog/who-gets-to-define-whats-racist/>.

Amar o pecado, odiar o pecador

Uma afirmação comum à direita é a de que a noção de tolerância dos progressistas parece conter um duplo padrão: "tolerância para mim, mas não para você". Compare-se a demanda por tolerância de qualquer desvio sexual ao cancelamento militante e à intolerância demonstrados contra os defensores da moral sexual tradicional. Para qualquer aluno de Marcuse, a unilateralidade não é um ponto cego partidário; em vez disso, trata-se de um padrão duplo intencional. É uma característica, e não uma falha.

A palavra *tolerância* significa algo neutro – um certo desapego das próprias crenças em prol da convivência pacífica com aqueles que têm outras crenças. À primeira vista, uma sociedade tolerante parece ser aquela em que todas as pessoas tentam viver e deixar os outros viverem, com bastante espaço para divergências. Se isso fosse tudo, poderíamos esperar que a tolerância se estendesse sem parcialidade a todos, exceto talvez em casos extremos. No entanto, percebemos que este não é o quadro completo.

O imperativo cultural da tolerância sempre foi um sofisticado cavalo de Troia que oculta um ataque à verdade. A sociedade foi preparada para abraçar o relativismo moral por meio da exortação à tolerância e da denúncia dos "acusadores".

Antes que a maioria das pessoas de direita fossem consideradas intolerantes, o veredito mais comum dirigido aos conservadores culturais era o de que eram "acusadores". Este epíteto foi empregado desde o início da guerra cultural, e muitas vezes com grandes resultados, em especial o enfraquecimento e declínio do cristianismo dominante. Muitos ficavam compreensivelmente perturbados com a denúncia – afinal, o cristianismo prega a misericórdia, e a imagem de um cristianismo acusador não é atraente. A maioria de nós consegue facilmente imaginar esse tipo de velha carola, uma vez que vimos aqueles esquetes do *Saturday Night Live* e milhares de outros exemplos desse arquétipo nos filmes, ou ainda porque encontramos gente semelhante na vida real. No entanto, há uma distinção rapidamente descartada, e tão antiga quanto a Igreja, que diz que podemos julgar um ato, mas não o coração do agente; em geral se apresenta sob a expressão "odiar o pecado e amar o pecador". Durante séculos, os cristãos foram instruídos a abster-se de julgar o coração do próximo, mesmo que ele claramente tivesse feito algo errado. Talvez esse próximo estivesse reagindo a uma ferida profunda, ou tenha sido enganado, ou se visse confuso, ou padecesse de algo que talvez atenue sua culpabilidade. Não temos como saber o estado exato da alma de outra pessoa num momento determinado, e esse estado geralmente muda com o tempo. Também não é da nossa conta saber quem ela é agora ou o que se tornou depois de ter feito o que fez.

Todavia, em algum lugar ao longo do caminho do desbaste da teologia e de um secularismo cada vez mais demagógico, o cristianismo moderno absorveu e internalizou a mensagem de que "não julgar" alguém em particular é sinônimo de "não reconhecer que os atos em geral podem ser certos ou errados". O processo de rotular declarações moralmente normativas como críticas tem sido tão bem-sucedido que muitos pastores se acovardaram, e seu rebanho caiu na apatia.

Em nenhum lugar isso fica mais claro do que nas questões polêmicas que envolvem a sexualidade. Uma tática especialmente eficaz tem consistido em redefinir o amor e o ódio em torno do apoio ou da oposição a certos costumes sexuais. O "amor" exige hoje a rejeição das normas morais sexuais. O efeito foi exatamente o oposto do que desejávamos. Ao deixar de julgar os *atos* dos homens, nos transformamos em pessoas que podem julgar *apenas* os *corações* dos homens. Amamos o pecado e odiamos o pecador – o que é uma postura acusador muito mais insidiosa.

Uma vez que certa medida moral objetiva é abandonada, resta-nos apenas sondar a intenção subjetiva da outra pessoa. Um dos âmbitos em que isso se manifesta é nas implicações da ideologia trans. Após o fim da divisão dos banheiros públicos entre masculino e feminino, a próxima barreira é a eliminação da divisão baseada no sexo em todos os espaços. Não há mais um princípio disponível para se opor à presença de meninos em vestiários femininos, incluindo chuveiros compartilhados em escolas públicas. Como distinguiremos, na prática, entre o menino sincero que sofre de disforia de gênero e o menino mendaz que pode ser um predador, ou que ao menos está querendo tirar vantagem da situação? A não ser que tracemos a linha num critério muito assertivo que identifique o menino como menino, não importa o que ele pense ou diga: só nos restará o critério assaz vago da sondagem psicológica. Será esse garoto realmente uma garota presa num corpo masculino e, portanto, uma companhia segura para as garotas biológicas no vestiário? Ou quiçá trata-se de um menino confuso, mas que ainda apresenta impulsos tipicamente masculinos? Ou será um aproveitador que está fingindo? Essa mesma questão se repetirá nos abrigos para mulheres, nas prisões, nos dormitórios, e assim por diante. Sem um padrão objetivo, temos de adivinhar a intenção.

A aceitação e a disseminação do relativismo levam, como consequência inevitável, a que a tolerância se torne uma via de mão única. A política identitária é a principal beneficiária e proponente dessa campanha por rotular de acusadores os que apregoam uma moralidade objetiva. A incoerência embutida no relativismo moral torna a tolerância mútua insustentável. Em algum momento, o que a princípio é visto como um direito legal a ser tolerado acaba por querer se afirmar como um direito moral a ser apoiado. Qualquer visão que, pretendendo falar em nome da verdade, não atenda a esse direito moral recém-percebido não poderá ser tolerada. A moralidade tradicional não pode ser debatida; em vez disso, a intenção dos que a defendem há de ser demonizada.

Tolerância repressiva

Em seu influente ensaio "Tolerância repressiva", Marcuse rejeita os ideais de liberdade de expressão e tolerância mútua; em vez disso, escreve sobre a necessidade de discriminar qualquer pessoa do lado errado da revolução. "A estrutura hierárquica da sociedade é inerentemente violenta contra o progresso da sociedade. Portanto, qualquer violência praticada pelos reprimidos em nome do progresso não é uma iniciação de violência, mas a justa reação a um sistema violento."[16] A intolerância para com os inimigos da revolução não apenas é justificável, como é necessária e até justa.

A tolerância, diria Marcuse, não pode ser conservada igualmente, pois funciona em benefício dos poderosos e encoraja os oprimidos a sentirem um falso nível de igualdade. Embora isso possa parecer injusto na prática, Marcuse assegura àqueles que radicaliza que tal medida é necessária em prol do progresso histórico. Ele continua: "Desde quando a história é feita de acordo com padrões éticos? Começar a aplicá-los neste ponto em que os oprimidos se rebelam contra os opressores e os pobres contra os ricos é servir à causa da violência real, enfraquecendo o protesto contra ela."[17]

A influência de Marcuse e da Escola de Frankfurt segue viva e saudável no seio do movimento contemporâneo. Ao orientar a maneira pela qual a justiça social deve ser implementada nas escolas, as conselheiras raciais Özlem Sensoy e DiAngelo descreveram como empregar táticas de tolerância repressiva enquanto se ensinam lições para combater o *bullying* contra identidades sexuais em sala de aula. Ao final de uma apresentação sua, para fins instrutivos, elas examinam uma situação hipotética sobre como aplicar a discriminação em prol da ideologia. Nesse caso hipoté-

---

16 Herbert Marcuse, "Repressive Tolerance", Marcuse.org, acessado em 11 de novembro de 2020: <https://www.marcuse.org/herbert/publications/1960s/1965-repressive-tolerance-fulltext.html>.

17 *Ibid.*

co, uma aluna levanta a mão e afirma que discorda moralmente de determinada escolha de estilo de vida sexual e acredita que não deveria ser obrigada a expressar sua aceitação. O instrutor permite que ela termine e agradece por compartilhar sua perspectiva, ao que passa para o próximo comentário. Segundo Sensoy e DiAngelo, essa é uma forma incorreta de lidar com a situação, pois permite que a sala de aula seja submetida a narrativas dominantes opressivas e a microagressões. Em vez disso, a voz dominante que expressa as normas sexuais tradicionais deve ser silenciada:

> Quando – a serviço da "justiça" – os instrutores dão tempo igual às narrativas dominantes, reforçamos os efeitos discursivos problemáticos ao legitimar a ideia de que, para que uma discussão seja igualitária, precisa incluir também vozes dominantes. É por isso que passamos a negar igual oportunidade a todas as narrativas em nossas salas de aula. Nossas intenções ao fazê-lo são corrigir os desequilíbrios de poder existentes mediante a diminuição do volume das narrativas dominantes; abrir espaço para narrativas dominantes para ser "justo" pressupõe que esses desequilíbrios já não existem ou que a igualdade de oportunidades de fala basta para corrigi-los. Por causa disso, acreditamos que restringir as narrativas dominantes é, na verdade, mais igualitário.[18]

Uma troca livre de ideias nunca constituiu um objetivo para os *woke*. A aplicação da justiça baseada em princípios nunca foi sua intenção.

Foi assim que os radicais, incluindo Marcuse, endossaram as táticas terroristas dos atentados da Weather Underground. Aqui temos uma conexão facilmente perceptível com nossa atual cultura do cancelamento, e também com o vandalismo e os tumultos que são considerados inquestionáveis quando cometidos por membros de um grupo oprimido. Como

---

[18] Ozlem Sensoy e Robin DiAngelo, "Respect Differences? Challenging the Common Guidelines in Social Justice Education", *Democracy and Education*, vol. 22, n. 1: <https://robindiangelo.com/wp-content/uploads/2016/01/Challenging-the-Common-Guidelines--inSocial-Justice-Education.pdf>.

escreve Ibram X. Kendi, "o único remédio para a discriminação no passado é a discriminação no presente".[19]

Compreender a tática da tolerância repressiva ajuda a entender artigos como "Por que não podemos odiar os homens?", publicado pelo *Washington Post*. Sua autora diz aos homens que, por causa de sua biologia, não devem concorrer por um cargo: "Não se responsabilize por nada. Afaste-se do poder. Deixe com a gente. E, por favor, saiba que suas lágrimas de crocodilo não serão mais enxugadas por nós. Temos todo o direito de odiar vocês. Vocês nos fizeram mal. #culpadopatriarcado. Já passou da hora de jogar duro em prol do Feminismo Futebol Clube. E vencer."[20]

É também por isso que a chefe do Black Lives Matter de Toronto sentiu-se perfeitamente à vontade ao escrever, numa postagem agora excluída, um discurso racista, recorrendo a uma ortografia alternativa de gênero neutra: "Brancurx não é humanidade. Na verdade, a pele branca é sub-humanx. Todos os fenótipos existem dentro da família negrx, e as [pessoas] brancxs são um defeito genético da negritude."[21]

O objetivo não é uma igualdade humanizadora sob os olhos da lei, mas uma inversão de poder.

Comportamento de seita

Em sendo a turba o habitat natural dos *woke*, o movimento adota as táticas psicológicas de uma seita. É verdade que muitos na esquerda permanecem sensatos e capazes de compreender outros pontos de vista, mas, quanto mais

---

19 Ibram X. Kendi, "Ibram X. Kendi defines what it means to be an antiracist", *Penguin*, 9 de junho de 2020: <https://www.penguin.co.uk/articles/2020/june/ibram-x-kendi-definition-of-antiracist/>.

20 Suzanna Danuta Walters, "Why Can't We Hate Men?", *The Washington Post*, 9 de junho de 2018: <https://www.washingtonpost.com/opinions/why-cant-we-hate-men/2018/06/08/f1a3a8e0-6451-11e8-a69c-b944de66d9e7_story.html>.

21 Alex Griswold, "Black Lives Matter Leader: White People are 'Sub-Human,' 'Genetic Defects'", *Mediaite*, 13 de fevereiro de 2017: <https://www.mediaite.com/online/black-lives-matter-leader-white-people-are-sub-human-genetic-defects/>.

fundo na ideologia se chega, menos liberal e mais fechado o indivíduo tende a se tornar.

São bem conhecidas algumas comparações entre as religiões fundamentalistas e a religião *woke*: rejeição ao pensamento crítico, exigência de adesão total aos dogmas, constrangimento ritualístico e rejeição dos transgressores. Os seres humanos carregam instintos de religiosidade; e, no vazio deixado por nossa rejeição a Deus, tendemos a extrair de nós mesmos deuses falsos e duros.

Desejamos fazer parte de um grande drama ou de uma grande narrativa que confira sentido às nossas vidas, aos nossos sofrimentos, aos nossos esforços diários. A cultura *woke* pós-moderna nos despoja das grandes narrativas e despedaça cada uma em preferências pessoais sem conexão com o sentido último. Temos narrativas, mas são narrativas de futilidade. Quem examina honestamente a situação tende a achar insuportável o grau de niilismo encontrado. Outros se distraem da falta de sentido com pão e circo. Outros encontram uma espécie de religião na política, mas trata-se de uma religião unida não por uma grande narrativa, mas por um inimigo comum. Nesse caso, verificamos o ciclo de descoberta e denúncia de um bode expiatório que nunca chega à condição de Vítima Inocente.

Os *woke* não aceitarão calados o fato de serem definidos como uma religião, muito menos como uma seita. Mas a doutrinação na ideologia geralmente adota, em sua evangelização, táticas semelhantes às das seitas. Vejamos, agora, alguns traços dessas seitas e como eles são incorporados pelos *woke*.

Dogmas inquestionáveis

O pensamento crítico é desincentivado. A substituição do pensamento crítico pela teoria crítica nega valor a qualquer questionamento de seus princípios e expressa hostilidade à razão, ao discurso e ao pensamento livre. Reina o dogma infalsificável e indiscutível.

ADEPTOS QUE NUNCA PODERÃO SER SUFICIENTEMENTE BONS

Você deve confessar seu privilégio, instruir-se sobre as doutrinas *woke* por meio da reeducação e comprometer-se com um esforço vitalício por resistir ao pecado original de sua branquitude (uma tarefa, no fim das contas, impossível). O escritor James Lindsay resume: "Você deve ser um aliado, mas aceitando que sempre fará mal ao seu aliado."

DISTANCIAMENTO DE PESSOAS DE FORA DO GRUPO, ATÉ MESMO FAMILIARES E AMIGOS

Não há *ethos* mais classicamente liberal do que a liberdade de pensamento e discussão. O membro de uma seita rejeita tal discussão e, ameaçado por ideias opostas, substitui a discussão por denúncias e acusações. A oposição aos dogmas *woke* é considerada violenta e prejudicial, um indício de maldade. Fissuras na família e com velhas amizades irrompem e se calcificam. Exemplos disso são os vários artigos sobre amizades e até casamentos que terminaram porque o autor *woke* não podia mais se aceitar num relacionamento com um apoiador de Trump.

JUSTIFICATIVA DO COMPORTAMENTO MORALMENTE MAU NO CASO DE ALGUNS

Este talvez seja um dos traços mais marcantes da aceitação do comportamento sectário. A corrupção moral entre adeptos é algo que pode acontecer, e de fato acontece, em qualquer grupo; mas a crença na ideologia é o princípio justificador que inocenta comportamentos que, em outro contexto, seriam considerados repugnantes. Saques, vandalismo e violência contra transgressores do culto são desculpados ou justificados quando feitos em prol da ideologia.

ATAQUE, ALIENAÇÃO E DESLEGITIMAÇÃO DOS QUE SE DESVIAM DO DOGMA

Como evidenciado pela cultura do cancelamento, ser *woke* é ver o mal difundido em todos os aspectos do mundo. Aquele que se desvia da doutrina *woke* é problemático. A evangelização acontece por meio do constrangimento.

Complexos de perseguição e ideias catastróficas

A ideologia se baseia na ideia de que a perseguição e a opressão estão por toda parte, mesmo de formas pequenas e imperceptíveis. São o caso das microagressões, tidas como um tipo de violência. Isso encoraja a paranoia e a hiper-reatividade.

Uso de slogans para evitar reflexões ou questionamentos sérios

O pensamento crítico, na tradição liberal clássica, é a atividade do homem verdadeiramente livre. A teoria crítica, na tradição neomarxista, é a atividade que diz respeito ao homem controlado e controlador. As crenças às quais chegamos por meio de uma análise livre e ponderada são profundamente nossas. Se o pensamento não derivar desses processos internos, precisará ser imposto externamente. Despojada de um conceito significativo e robusto de natureza, razão e pessoa humana, a ideologia *woke* é um castelo de cartas que exige fidelidade por meio da intimidação e do poder. Como descobriu Hannah Arendt ao observar o julgamento de Eichmann, o ideólogo é caracterizado pela curiosa incapacidade de pensar. Uma vez doutrinado, o pensamento é substituído por clichês partidários, propaganda e *slogans*.

A ideologia *woke* é como um filtro costurado no olho da mente, e por ele se filtram todo conhecimento e toda dinâmica humana. Não é diferente de uma perversão da citação de C. S. Lewis: "Acredito no cristianismo como acredito que o sol nasceu: não apenas porque o vejo, mas porque por meio dele vejo tudo o mais." Com Cristo, começamos a ver tudo neste mundo como sinais e sombras de sua perfeita bondade. Através da ideologia *woke*, começamos a ver tudo como sinais e sombras da opressão.

10
Ativismo educacional

Em seu *Toward Soviet America*, de 1932, William Z. Foster, presidente nacional do Partido Comunista Americano, deixou poucas dúvidas sobre o objetivo do partido para a educação nos Estados Unidos. "Entre as medidas elementares que o governo soviético americano adotará para promover a revolução cultural estão [...] [um] Departamento Nacional de Educação [...]. Os estudos serão revolucionados, sendo purificados de aspectos religiosos, patrióticos, entre outros, que sejam característicos da ideologia burguesa. Os alunos aprenderão as bases do materialismo dialético marxista, do internacionalismo e da ética geral da nova sociedade socialista."[1]

Na mesma época, John Dewey, talvez a figura mais influente na educação americana moderna, estava auxiliando a mudança da Escola de Frankfurt para a Universidade de Columbia. Socialista e ateu convicto, Dewey fez uma peregrinação à Rússia soviética em 1928. Após seu retorno aos Estados Unidos, escreveu um livro sobre sua admiração e seu desejo de replicar a maneira como o sistema educacional soviético era usado como ferramenta política. Ele elogiou o modo como eles incorporavam a mentalidade coletivista nas crianças e como haviam começado a desmantelar a necessidade da unidade familiar. "Nossa preocupação especial, aqui, é com o papel das escolas na construção de forças

---
1 William Z. Foster, "Toward Soviet America", *Marxists.org*, acessado em 14 de novembro de 2020: <https://www.marxists.org/archive/foster/1932/toward/06.htm>.

e fatores cujo efeito natural seja o de minar a importância e singularidade da vida familiar."[2]

Dewey acabou sendo conhecido como o Pai da Educação Progressista. Sua compreensão da pessoa humana e seu desdém pela religião animavam e informavam sua concepção educacional. Em vez de enfatizar a leitura, a escrita e a aritmética, Dewey acreditava que a educação deveria ser uma ferramenta para a engenharia social e a conscientização das crianças para o ativismo. Ele lecionou filosofia da educação no Teacher's College, em Columbia, onde teve um impacto vasto e profundo. Em 1950, um terço dos diretores e superintendentes dos grandes distritos escolares do país havia sido treinado lá e retornado a seus distritos para espalhar as teorias educacionais de Dewey.

Marcuse também teve um grande impacto no futuro da educação por meio de sua influência próxima e ideológica ao Teacher's College. Além disso, atuou como mentor eficaz e herói intelectual do grupo terrorista Weather Underground, cujos líderes mais tarde ocupariam cargos de influência no âmbito educacional. Os *weathermen*, como foram inicialmente chamados, eram uma facção do grupo socialista radical intitulado (eufemisticamente) Estudantes pela Sociedade Democrática (SDS, na sigla em inglês). Como o SDS, o Weather Underground era formado sobretudo por jovens adultos de classe média que haviam se convertido em ativistas. Foi esse o grupo responsável pelos ataques a bomba no Capitólio dos Estados Unidos, no Pentágono e em várias delegacias de polícia em Nova York, bem como pela explosão de uma casa em Greenwich Village, graças à qual três membros foram mortos.

Após os horríveis massacres do caso Tate-LaBianca, realizados por seguidores de Charles Manson, Bernadine Dohrn, líder do Weather Underground, notoriamente declarou, com alegria: "Matar aqueles porcos ricos com seus

---

[2] John Dewey, *Impressions of Soviet Russia and the Revolutionary World*, Teacher's College: Columbia University, 1964, p. 78.

próprios garfos e facas, e depois se banquetear na mesma sala, que beleza! Os *weathermen* gostam de Charles Manson." Outras citações da sra. Dohrn a trazem maravilhada com o fato de um garfo ter sido enfiado na barriga de uma vítima. Os membros do Weather Underground costumavam se cumprimentar com os dedos esticados e afastados em forquilha, sinalizando a revolução.[3]

Depois de anos na lista dos dez mais procurados do FBI por suas violentas travessuras revolucionárias, Dohrn teve uma carreira influente como professora de direito na Northwestern University e se casou com seu colega e ex-líder do Weather Underground, Bill Ayers. Também aposentado recentemente, Ayers ocupou um cargo poderoso como professor titular de pedagogia na Universidade de Illinois, onde treinou centenas de professores para atuarem como ativistas. Os textos de Ayers sobre o necessário ensino da justiça social ainda figuram entre as obras mais populares nos currículos das faculdades de pedagogia e nos institutos de formação de professores do país. "A política de Ayers quase não mudou desde seus dias como *weatherman*", escreve o pedagogo Sol Stern. "Ele ainda se gaba de trabalhar em tempo integral para derrubar o capitalismo e o imperialismo americanos. Agora, no entanto, fá-lo desde a cátedra de professor titular de pedagogia na Universidade de Illinois, Chicago."[4]

Embora experimentado no uso de bombas e violência, Ayers trabalhou mais insidiosamente no ambiente universitário, a fim de doutrinar as futuras gerações de professores que, por sua vez, transmitiriam o espírito da revolução a seus alunos nas escolas públicas. "Um dos principais temas de Ayers é que o sistema de ensino público americano nada mais é do que um reflexo da hegemonia capitalista. Assim, a missão de todos os professores progressistas é retomar o

---

[3] Anthony DeCurtis, "Peace, Love, and Charlie Manson", *The New York Times*, 1º de agosto de 2009: <https://www.nytimes.com/2009/08/02/weekinreview/02decurtis.html>.

[4] Sol Stern, "Obama's Real Bill Ayers Problem", *City Journal*, 23 de abril de 2008: <https://www.cityjournal.org/html/obama's-real-bill-ayers-problem-10390.html>.

controle das salas de aula e convertê-las em laboratórios de avanço revolucionário."[5]

Em 2008, Ayers foi eleito diretor de elaboração curricular da American Educational Research Association (AERA). A AERA conta com 25 mil professores e pesquisadores entre seus membros e é uma das maiores organizações de professores e pesquisadores pedagógicos do país. Seu objetivo é transformar a educação pela formação de pensadores críticos e de teóricos e ativistas críticos. Ao fazê-lo, eles sabem que o sistema educacional pode se tornar uma esteira de produção de novas gerações de militantes progressistas.

O complexo educacional contra a família

Um alvo específico do modelo de educação progressista é – para a surpresa de ninguém – a família. Adorno, em sua famosa *Personalidade autoritária*, de 1950, afirmou ter descoberto que o pai americano tradicional era na verdade um opressor "autoritário", pois conservava os valores tradicionais. Os progressistas sabiam que, diante da população americana de meados do século XX, era muito cedo para tentar combater diretamente a família; então, na linha de Adorno, atacaram implacavelmente o "patriarcado" como se fosse um indicador e um prenúncio do fascismo.

Esse sentimento foi repetido por Chester M. Pierce, notável professor de pedagogia e psiquiatria em Harvard e consultor de programas educacionais infantis como a *Vila Sésamo*. "Toda criança nos Estados Unidos que entra na escola aos cinco anos de idade sofre de doença mental, pois chega com certas lealdades aos nossos Pais Fundadores, aos nossos representantes eleitos, aos pais, à crença num ser sobrenatural e à soberania desta nação como um ente autônomo", argumentou Pierce. "Cabe a vocês, como professores,

---

5 *Ibid*.

curar todas essas crianças doentes, criando a criança internacional do futuro."[6]

O sistema de escolas públicas, como Dewey havia descoberto em sua visita à Rússia soviética, tinha o poder de se tornar um mecanismo eficaz de reeducação que enfatizaria os valores humanistas seculares e a mentalidade coletivista. A Associação Nacional de Educação (NEA, na siga em inglês) cresceu sob o domínio de organizadores marxistas e comunistas, com o compromisso de anular a influência dos pais sobre seus filhos. Charles Francis Potter, ativista humanista secular e pastor universalista unitário, acreditava que o humanismo secular não era o fim da religião, mas o começo de uma nova religião centrada não em Deus, mas no homem. As escolas, acreditava, se tornariam seminários seculares a doutrinar o futuro. "A educação é, portanto, a mais poderosa aliada do humanismo, e toda escola pública é uma escola de humanismo." Potter acrescenta: "O que poderá fazer a catequese teísta – reunida por uma hora a cada semana e ensinando apenas uma fração das crianças – a fim de conter a maré de um programa de cinco dias semanais de doutrinação humanística?"[7]

O objetivo revolucionário para os primeiros anos do ensino fundamental consistia em separar as crianças dos pais, não apenas fisicamente, mas também minando e fraturando a influência e a autoridade paterna e materna pela introdução de um sutil gotejamento ideológico no sistema escolar. Para esse objetivo, era essencial apresentar à criança, o mais cedo possível, as práticas sexuais dos adultos. O propósito consistia em remover de sua psique qualquer sentimento de responsabilidade ou culpa e aumentar sua "autoestima" através da eliminação de toda motivação competitiva. Confirmando as descobertas de Unwin, a sexualização precoce e o colapso das normas sexuais

---

[6] Discurso proferido no Seminário Internacional de Educação, em 1973.
[7] AZ Quotes, s.v. "Charles Francis Potter", acessado em 15 de novembro de 2020: <https://www.azquotes.com/quote/766022>.

levaram à decadência do pensamento racional, da motivação pessoal e da realização cultural.

Mary Calderone, influente defensora pública da educação sexual radical para as crianças, declarou sua impaciência com o tempo gasto para que os verdadeiros objetivos da educação fossem alcançados. "Temos ainda de fazer barulho pelo controle de natalidade do mesmo modo como fizemos pela vacinação contra a poliomielite. Ainda não conseguimos qualificar os bebês como uma epidemia perigosa, embora essa seja a mais pura verdade."[8]

Por mais que isso tenha ocorrido na década de 1960, as coisas infelizmente não mudaram muito. Em 2019, um novo plano de ação foi adotado pela NEA:

> A NEA honrará a liderança de mulheres, pessoas não binárias e trans, bem como de outros sobreviventes que se apresentaram para acusar pública e nominalmente seus estupradores e agressores no crescente movimento internacional #MeToo.
>
> Além disso, a NEA abarcará a afirmação da defesa do direito pessoal a controlar o próprio corpo, especialmente por parte das mulheres, jovens e pessoas sexualmente marginalizadas. A NEA se opõe vigorosamente a todos os ataques ao direito de escolha e defende o direito fundamental ao aborto, conforme Roe v. Wade.[9]

Não há muito o que duvidar quanto à radical politização do sistema educacional. Durante a quarentena causada pela Covid em 2020, na qual as escolas tiveram de ficar fechadas, o sindicato dos professores de Los Angeles divulgou a declaração de que não consideraria a reabertura até que suas exigências fossem atendidas. Essas exigências incluíam itens políticos, como o fim do financiamento da

---

[8] Newsletter Medical Morals, fevereiro-março de 1968.
[9] "New Business Item 56 (2019)", NEA, acessado em 2 de novembro de 2020: <https://ra.nea.org/business-item/2019-nbi-056/>.

polícia, financiamento de saúde pública para todos e, para as escolas *charter*,[10] moratória do financiamento.[11]

Resta pouca luz entre ativistas e educadores. No caso dos mais elitistas, a distinção foi obliterada. No jornal esquerdista *The Nation*, a autora de *Full Surrogacy Now*, Sophie Lewis, alega que, após a quarentena da Covid, seria necessário alcançar uma nova compreensão a respeito da organização doméstica. Seu livro, esperava ela, "pode contribuir para um renascimento do utopismo *queer* inspirado pelo grito de guerra marxista: 'Abolir a família'." Ela não está só, e assim o demonstra citando suas companheiras acadêmicas:

> De fato, há vários anos, junto com muitas outras mães e marxistas transliberacionistas – de modo especial, Michelle O'Brien, Kate Doyle-Griffiths, Madeline LaneMcKinley e Jules Joanne Gleeson –, tenho feito o possível para dar novo destaque àquele velho sonho da "abolição da família" [...] e para devolver a família nuclear privada (repronormativa ou patriarcal) ao seu devido lugar como principal alvo da crítica radical feminista e *queer*. E, aqui, crítica realmente significa crítica: o reconhecimento de que a família tal como a conhecemos é uma fábrica anti*queer* voltada para a produção de trabalhadores produtivos, repleta de assimetrias de poder e de violência e, ao mesmo tempo, para muitas de nós, a única fonte disponível de amor, cuidado e proteção contra a brutalização da polícia, do mercado, do trabalho e do racismo.[12]

São abundantes as evidências de que essa unanimidade ideológica trouxe grandes consequências para a formação educacional dos jovens. Uma pesquisa de 2019 conduzida pela Fundação Memorial das Vítimas do Comunismo trouxe descobertas notáveis: revelou que o comunismo é visto favoravelmente por mais de um a cada três *millennials*

---

10 Modelo de gestão aplicado em escolas públicas, que incorpora técnicas administrativas análogas às das escolas privadas. [NT]

11 Acessado em 1º de novembro de 2020: <https://wearepublicschools.org/wp-content/uploads/2020/07/SameStormDIffBoats_FINAL.pdf>.

12 Sophie Lewis, "Covid-19 Is Straining the Concept of the Family. Let's Break It", *The Nation*, 3 de junho de 2020: <https://www.thenation.com/article/society/family-covid-care-marriage/>.

(36%). Trata-se de um aumento de oito pontos em relação a 2018. Apenas 57% dos *millennials* (em comparação com 94% da *geração calada*, que veio imediatamente antes dos *boomers*) acreditam que a Declaração de Independência garante mais liberdade e mobilidade social do que o Manifesto Comunista. Contra 1% da geração calada, cerca de um em cada cinco *millennials* (22%) acredita que "a sociedade seria melhor se toda propriedade privada fosse abolida".[13]

A amnésia histórica a respeito dos perigos do comunismo e do socialismo está "a pleno vapor", disse Marion Smith, diretora executiva da Fundação Memorial das Vítimas do Comunismo. "Quando não instruímos as gerações mais jovens acerca da verdade histórica das 100 milhões de vítimas assassinadas pelas mãos de regimes comunistas no século passado, não podemos nos surpreender quando elas se mostrarem dispostas a abraçar as ideias marxistas."[14]

Em 1941, Eugene Lyons escreveu *Enemy in our Schools*, obra sobre a corrupção do sistema educacional e o esforço de vincular os planos de aula à ideologia marxista. Ele explica ali como os professores universitários enviesavam suas aulas a fim de concordar com as últimas opiniões de Moscou e se reuniam com os alunos de tendência comunista em "reuniões conspiratórias". Lyons afirmava que a tendência a glorificar a juventude era estratégica, porque "valoriza a falta de experiência, a confusão mental e a intuição em detrimento da inteligência e da maturidade".[15]

É alarmante como, oitenta anos depois, temos à nossa volta o espólio desses investimentos ideológicos. A combinação da ignorância histórica com a sexualização precoce das crianças por meio da educação sexual e da mídia, e também com as campanhas propagandísticas antifamília, foram

---

13 "2019 Annual Poll", Fundação Memorial das Vítimas do Comunismo. Acessado em 21 de setembro de 2020: <https://victimsofcommunism. org/annual-poll/2019-annual-poll/>.
14 *Ibid.*
15 Eileen F. Toplansky, "Were Christians Always so Left-Wing?", *American Thinker*, 26 de julho de 2020: <https://www.americanthinker.com/articles/2020/07/were_christians_always_so_leftwing.html>.

semeadas nas próprias instituições que antes eram encarregadas de transmitir o conhecimento, o pensamento crítico e o bom senso. Em vez de ensiná-los *como* pensar, demos aos alunos narrativas políticas sobre *o que* pensar. Na verdade, nós lhes ensinamos a ser ativistas. Com isso, encorajamos paixões superficiais mas agudas, a impertinência e a arrogância. Talvez o pior de tudo seja o fato de o sistema educacional ter separado gerações de jovens do patrimônio dos pais que os confiaram a essas instituições.

Lavagem de ideias

Como tantas ideias e termos revolucionários podem se disfarçar sob o verniz da legitimidade acadêmica? Para explicar esse fenômeno, o biólogo e teórico da evolução Brett Weinstein cunhou o termo "lavagem de ideias". Lavagem de ideias é como a lavagem de dinheiro, só que, em vez fazer uso de um negócio de fachada para batizar o dinheiro obtido de forma ilegal, a lavagem de ideias faz uso das universidades para batizar conclusões pré-ordenadas corruptamente. Nesse clima, um ideólogo acadêmico com a agenda correta da teoria crítica pode confirmar quase tudo como conhecimento legítimo... se partir da conclusão política escolhida.

Escrevendo sobre a lavagem de ideias no *Wall Street Journal*, Peter Boghossian explica que esse processo começa com o surgimento de fortes impulsos morais em meio aos acadêmicos. Ele usa o exemplo da obesidade e o desejo de acabar com a sua estigmatização social. Os acadêmicos "se convencem de que o conceito clínico de obesidade (um termo médico) é apenas uma história que contamos a nós mesmos sobre a gordura (um termo descritivo)". Boghossian prossegue sobre o caso da obesidade: "A questão não é a veracidade ou a falsidade – neste caso particular, trata-se de uma história que se desdobra numa dinâmica social de poder, na qual a autoridade é injustamente atribuída ao conhecimento médico."[16]

Os estudos são motivados por uma intenção aparentemente nobre – a de resolver um problema social: a estigmatização dos gordos. Nesse caso hipotético, os sentimentos são amplamente compartilhados, um periódico com revisão por pares é estabelecido e acadêmicos credenciados são encarregados de examinar os trabalhos apresentados. Os artigos são publicados pelo periódico principal e seus colaboradores. Em pouco tempo, há um cânone de trabalho conferindo autenticidade e credibilidade institucional às ideias lavadas. "As ideias e os impulsos morais entram, o conhecimento sai... Os alunos saem da faculdade acreditando que sabem coisas que não sabem." Boghossian continua: "Eles levam esse 'conhecimento' para seus locais de trabalho, onde, com o tempo, as ideias lavadas e a terminologia que as acompanha tornam-se normativas, aumentando ainda mais sua imerecida legitimidade."[17]

Imagine que um aluno cético em relação à ideia lavada recue, protestando que, embora o ato de estigmatizar a gordura seja ruim e deva ser desencorajado, existem outros correlativos que indicam riscos genuínos à saúde que nada têm que ver com estruturas de poder, mas se originam na biologia do corpo humano. Com o cânone já estabelecido, esses alunos podem ser direcionados a um corpo de artigos revisados por pares contendo as respostas "corretas", cobertos pelo verniz da investigação intelectual.

Embora essa seja uma hipótese, serve para ilustrar como a academia moderna catequiza seus alunos para o ativismo. Boghossian conhece bem esse processo: junto com James Lyndsay e Helen Pluckrose, ele procurou expor a corrupção política da educação, destacando sua prática de enviar para revistas acadêmicas respeitadas artigos sem fundamento e

---

16 Peter Boghossian, "'Idea Laundering' in Academia", *The Wall Street Journal*, 24 de novembro de 2019: <https://www.wsj.com/articles/idea-laundering-in-academia-11574634492?>.

17 *Ibid.*

absurdos que enalteciam os valores políticos predeterminados de cada revista. O sucesso de sua armação foi notável. Os jornais postularam ideias como a rejeição da astronomia ocidental (com base no fato de ser sexista e imperialista) e recomendações para que os departamentos de física estudassem astrologia feminista ou praticassem dança interpretativa. Seu mais famoso artigo, intitulado "Reação humana à cultura do estupro e performatividade *queer* em parques urbanos para cães em Portland, Oregon", se dizia baseado na observação da cultura do estupro entre cães em parques de Portland. "Cães sofrem opressão baseada no gênero (percebido)?", questionava o artigo.[18]

Junto com a lavagem de ideias, verifica-se a explosão de um novo vocabulário destinado a reformular a maneira como pensamos. Novos termos – cisgênero, interseccionalidade, cultura do estupro, privilégio branco – ganham gravidade acadêmica e, depois, aparentemente do nada, também cultural. "Eles foram lavados pela literatura revisada por pares, que na verdade são ativistas acadêmicos; então, durante anos, são amplamente ensinados; por fim, acabam revelados ao mundo."[19]

Embora essa sequência se desdobre nos meios acadêmicos, ela facilmente vaza para a mídia e para a consciência popular. O pesquisador acadêmico Zach Goldberg mapeou, no LexisNexis, o uso dos neologismos *woke* ao longo da última década. Os resultados foram surpreendentemente semelhantes e revelaram um aumento acentuado, quase vertical, nas menções de cada neologismo verificado. Palavras como *privilégio* e *justiça social* dispararam nas menções da mídia entre os anos de 2012 e 2015 e continuam

---

18 Yascha Mounk, "What an Audacious Hoax Reveals About Academia", *The Atlantic*, 5 de outubro de 2018: <https://www.theatlantic.com/ideas/archive/2018/10/new-sokal-hoax/572212/>. Outro artigo aceito por uma revista acadêmica era uma mera versão do livro *Mein Kampf*, de Adolf Hitler, apresentada como um "Manifesto feminista" (Amanda Borschel-Dan, "Duped academic journal publishers rewrite of 'Mein Kampf' as feminist manifesto", *The Time of Israel*, 5 de outubro de 2018: <https://www.timesofisrael.com/duped-academic-journal-publishes-rewrite-of-mein-kampf-as-feminist-manifesto/>).

19 Peter Boghossian, "'Idea Laundering' in Academia".

crescendo desde então. Outro pesquisador, David Rozado, incluiu na pesquisa *microagressões, racismo sistêmico* e *opressão*, com resultados igualmente drásticos.[20]

Décadas de lavagem de ideias resultaram num cânone acadêmico grande demais para vir abaixo. Em algum momento, todos começamos a concordar com os termos e condições do sofisticado vocabulário. Franzimos a testa ao ouvir "heteronormatividade". Balançamos a cabeça, em desaprovação, ao ouvir sobre "a questão do patriarcado". Tudo isso serve à meta do controle do pensamento por meio da corrupção de palavras e da suave coerção exercida sobre as ideias compartilhadas, amarradas com o lacinho de aprovação da elite especializada.

Reescrevendo a história

O exercício do controle sobre a mente da nação exige a reconfiguração da nossa memória cultural. Todos os anos, Alexander Riley, professor de sociologia da Bucknell University, fala com seus alunos sobre os ataques de 11 de setembro. Embora a maioria ainda não tivesse nascido naquele fatídico dia, eles geralmente conhecem alguns fatos sobre o que ocorreu. No entanto, ano após ano, ele se depara com o mesmo fenômeno. "Quando peço aos alunos da classe que descrevam a lição mais importante aprendida com o 11 de setembro, invariavelmente alguém sugere que há uma relação com o extremo preconceito antimuçulmano nos Estados Unidos. Esse aluno fará alusão à terrível incidência de crimes de ódio contra os muçulmanos americanos após o ataque." Normalmente, observa Riley, outros alunos manifestam concordância, mas ele nunca viu nenhum aluno contestar essa afirmação, apesar de não estar de acordo com a realidade. Riley continua: "De acordo com o FBI, os crimes de ódio contra

---

20   Rod Dreher, "'Idea Laundering'", *The American Conservative*, 26 de novembro de 2019: <https://www.theamericanconservative.com/dreher/boghossian-idea-laundering-wokeness-academia/>.

muçulmanos aumentaram após o 11 de setembro. Mas o número anual desses crimes nunca chegou a três dígitos e normalmente fica bem abaixo dos cinquenta. No ápice, em 2001, o fator de risco para o muçulmano americano médio era algo em torno de 1 a cada 31 mil."[21]

Um exemplo flagrante e eficaz de reescrita da história pelo ativismo identitário é o ambicioso *1619 Project*, lançado pelo *New York Times* em agosto de 2019. Nele, a escritora Nikole Hannah-Jones procura reformular a fundação dos Estados Unidos, localizando-a não na Declaração da Independência de 1776, mas no ano de 1619, com a chegada dos primeiros escravos trazidos pelos colonos ingleses. Hannah-Jones afirma que os Estados Unidos foram fundados não como uma democracia, mas como uma escravatura.

De acordo com o projeto, tudo o que os Estados Unidos são e têm, para o bem ou para o mal, depende da vergonhosa introdução da escravidão e da ideia de que o racismo em nossa fundação permeia o núcleo de todas as instituições americanas. O racismo está, como ela afirma, em nosso DNA. Nosso país não foi "concebido na liberdade e dedicado à proposição de que todos os homens foram criados iguais", como Abraham Lincoln e os fundadores o compreendiam. Para os criadores do *1619 project,* trata-se, ao contrário, de uma nação concebida em pecado.[22]

Narrativas originárias importam. O que nos une como país não é a raça, mas a proposta de uma forma de governo dedicada a direitos e princípios inalienáveis, princípios que, em última análise, iluminaram o caminho para corrigir a injustiça da escravidão. Esta narrativa de nossa origem nos mantém unidos e aspirando aos ideais comuns inseridos nela.

---

21 Alexander Riley, "Multiculturalism is Ethnocentrism", *The American Mind*, 9 de outubro de 2019: <https://americanmind.org/essays/multiculturalism-is-ethnocentrism/>.

22 Nikole Hannah-Jones, "Our democracy's founding ideals were false when they were written. Black Americans have fought to make them true", *The New York Times Magazine*, 14 de agosto de 2019: <https://www.nytimes.com/interactive/2019/08/14/magazine/black-history-american-democracy.html>.

A alegação mais controversa de Hannah-Jones é a de que a Revolução Americana foi travada com o propósito de preservar a escravidão. Além da ignorância histórica que subjaz a esse relato, ele está em total desacordo com a própria Declaração, que não apenas nada diz nada em defesa da escravidão, mas deliberadamente reflete os próprios princípios que a minariam.

Este relato é tão a-histórico que Niles Niemuth, Tom Mackaman e David North, três estimados historiadores socialistas, escreveram para contestá-lo:

> Apesar da pretensão de estabelecer a "verdadeira" fundação dos Estados Unidos, o *1619 Project* é uma falsificação da história com motivações políticas. Seu objetivo é criar uma narrativa histórica que legitime o esforço do Partido Democrata por construir uma coalizão eleitoral baseada na priorização de "identidades" pessoais – ou seja, gênero, preferência sexual, etnia e, acima de tudo, raça... Hannah-Jones não vê em Lincoln "o Grande Libertador", como os escravos libertos o chamavam na década de 1860, mas como um racista comum que considerava "os negros o obstáculo à unidade nacional". [...] Mas um retrato honesto de Lincoln contradiria as afirmações de Hannah-Jones de que "os negros americanos lutaram sozinhos" para "fazer da América uma democracia". O mesmo aconteceria ante uma única menção solitária, em qualquer lugar da revista, aos 2,2 milhões de soldados da União que lutaram e aos 365.000 que morreram para acabar com a escravidão.[23]

Fazer uso de histórias moralistas sobre racismo, machismo, patriarcado e fanatismo para reenquadrar nossa compreensão da história dos EUA é, necessariamente, enviesá-la e fugir de um entendimento abrangente, complexo e cheio de nuances. A história, ao que parece, deve ser manipulada, em vez de descoberta. Sobre isso, o historiador Wilfrid McClay diz: "Em vez de nos ajudar a nos aprofundar e obter uma visão madura e complexa do passado, a história

---

[23] Niles Niemuth, Tom Mackaman e David North, "The New York Times's 1619 Project: A racialist falsification of American and world history", *World Socialist Web Site*, 6 de setembro de 2019: <https://www.wsws.org/en/articles/2019/09/06/1619-s06.html>.

é cada vez mais empregada como um simples porrete, que escolhe seus alvos mecanicamente – muitas vezes, com base em pouco mais do que um clichê popular – e os ataca.[24]

Nos atos de 2020, em que estátuas foram vandalizadas, houve exemplos muito literais de ataques à história com porretes. Os *woke*, assim como a turba, tendem a atacar não apenas os ícones históricos, mas também o nosso registro histórico. McClay explica o dano do *1619 Project*: "Se tiver alguma influência, essa influência possivelmente prejudicará a nação e distorcerá sua autocompreensão de maneiras certamente prejudiciais – talvez ainda mais prejudiciais para os americanos de origem africana, que não precisam de mais um motivo para se sentirem excluídos da promessa da vida americana."[25] McClay reconhece que a escravidão era uma instituição brutal e uma contradição aos mais altos ideais da nação. Todavia, alegar que a escravidão é o rosto da força predominante que moldou o país é uma distorção prejudicial.

James McPherson, notável estudioso da Guerra Civil, afirma que, embora tenha iniciado a leitura do *1619 Project* com entusiasmo, "quase no início fiquei incomodado com o que parecia ser um relato muito desequilibrado e unilateral, carecendo de contextualização e perspectivas sobre a complexidade da escravidão, que claramente, obviamente, nunca foi uma instituição exclusivamente americana, mas existiu ao longo da história".[26]

Diante de tamanha avalanche de críticas, Hannah-Jones, para ser mais bem compreendida, deu um pequeno passo para trás em seu discurso, optando por ceder um pouco e admitir que talvez nem todos os revolucionários estivessem

---

24 Wilfred M. McClay, "The Weaponization of History", *The Wall Street Journal*, 25 de agosto de 2019: <https://www.wsj.com/articles/the-weaponization-of-history-11566755226?mod=hp_opin_pos_3>.
25 Wilfred M. McClay, "How The New York Times Is Distorting American History", *Commentary*, outubro de 2019: <https://www.commentarymagazine.com/articles/how-the-new-york-times-is-distorting-american-history/>.
26 Rod Dreher, "'Idea Laundering'".

lutando para preservar a escravidão.[27] Todavia, para ela, essas críticas acadêmicas não eram evidência de um erro seu, mas indicadores da malícia racista nelas presente. Hannah-Jones usou o Twitter, no final de 2019, para dizer sobre seus críticos: "Nenhum dos apoiadores de Trump assediou ou insultou tanto a minha inteligência quanto certos homens brancos que se dizem socialistas. Todos vocês realmente se revelaram como os antinegros que realmente são."[28] No verão do ano seguinte, ela foi mais sincera sobre seus verdadeiros objetivos. "Eu sempre disse que o *1619 Project* não é um projeto de história. É um trabalho jornalístico que procura, explicitamente, desafiar a narrativa e, portanto, a memória nacional. O projeto sempre foi sobre o presente tanto quanto sobre o passado."

Em vez de cair em descrédito, o *1619 Project* ganhou um Prêmio Pulitzer e está a caminho de ser instituído como parte do currículo educacional de escolas em todo o país. Seu conteúdo provavelmente será entendido pelos alunos como um relato histórico, e não como o que sua autora principal confessa ser: uma tentativa de reimaginar nossa memória histórica a serviço de nossa agenda política. O ensaio com que Hannah-Jones venceu o Pulitzer começa com essa afirmação: "Os ideais fundadores de nossa democracia eram falsos quando de sua redação."[29] Na verdade, isso prova que o conceito de lavagem de ideias não se restringe à academia, mas está presente na corrupção do jornalismo e é depois introduzido no sistema escolar, onde será absorvido e regurgitado na cultura pelas novas gerações.

Para um país concebido no pecado, não há lugar, relacionamento ou alma que não esteja implicada e infectada pelo racismo. Podemos burilar aqui ou ali e participar de

---

27 Adam Serwer, "The Fight Over the 1619 Project Is Not About the Facts", *The Atlantic*, 23 de dezembro de 2019: <https://www.theatlantic.com/ideas/archive/2019/12/historians-clash-1619- project/604093/>.

28 Twitter de Ida Bae Wells (@nhannahjones), acessado em 22 de novembro de 2020: <https://twitter.com/nhannahjones/status/1199525426286206976>.

29 Nikole Hannah-Jones, "Our democracy's founding ideals were false when they were written. Black Americans have fought to make them true".

seminários, mas o problema fundamental é difuso e inerente demais para ser resolvido, a menos que se realize uma transformação total do país. É impossível exagerar a importância atribuída, por qualquer regime totalitário, à tarefa de remoldar a história de uma forma que apoie e reforce uma compreensão conceitual da sociedade favorável à narrativa ideológica do regime.

Essa tática da revisão histórica também tenta ver o passado através de lentes sexuais. Benjamin Perry, pastor e colaborador frequente do periódico cristão esquerdista *Sojourners*, viralizou no Twitter em 2020, quando escreveu: "As comunidades *queer* dão-nos uma bela lente pela qual ver o relacionamento entre Jesus e seus discípulos. As linhas entre afeto, atração, intimidade e sexo são muito mais tênues do que os evangélicos brancos gostariam de dar a entender. Falemos sobre um Cristo bissexual." Ele continuou dizendo que toda teologia é sexual e que criamos Jesus a partir de nossas supostas restrições heterossexuais. Então Perry questiona: "Mas e se deixarmos esses pressupostos de lado? As linhas nítidas e definidas entre 'heterossexualidade' e 'homossexualidade' são convenções modernas. Elas tentam impor ordem e disciplina a apetites indisciplinados – amor e luxúria." Perry vai em frente, especulando coisas blasfemas sobre Nosso Senhor e seus apóstolos, ao que conclui: "A homofobia evangélica claramente viola o ensinamento de Cristo, mas nós questionamos com menos frequência a série de pressupostos heteronormativos que atribuímos aos textos bíblicos."[30]

Para os *woke*, os pecados – se é que existem – são as nossas visões perniciosamente ortodoxas sobre a sexualidade. O pior pecado, nesta seara, é acreditar que existe algo como o pecado. Domesticar gerações de americanos para rejeitar as instituições estabilizadoras, da família à Igreja, passando pelos princípios fundadores de nosso governo e

---

30 Benjamin Perry (@FaithfullyBP) no Twitter, em 30 de abril de 2020: <https://twitter.com/faithfullybp/status/1255849452151148544?s=21>.

pela própria razão, não poderia terminar bem. Ao desestabilizarmos essas instituições, desestabilizamos a nós mesmos. Para os *woke* e seus acólitos, no âmago da pessoa humana não há um núcleo. Não somos mais do que uma coleção de identidades sociais, membros de vários grupos sociais sem uma história cristalizada ou um mito de origem que nos una.

PARTE IV
Restauração

11
A pessoa

O conceito *woke* de pessoa está fundamentalmente em desacordo com o conceito cristão. Para o *woke*, uma pessoa pode ser definida pela sua resposta a duas perguntas. A primeira é: "O que eu desejo?" Por essa métrica, a vida boa é idêntica à capacidade de obter as coisas desejadas sem o estorvo dos outros, das demandas sociais, da religião, do governo ou mesmo da natureza. Essa visão da boa vida não impede o casamento ou a adesão a uma comunidade religiosa, nem outros arranjos mutuamente cooperativos. Também não impede a renúncia voluntária a certos desejos por causa de outros, como quando uma pessoa faz dieta ou treina para uma maratona. Enquanto esses arranjos e disciplinas servirem ao objetivo maior da plena expressão da vontade individuais, eles nos servirão bem. Todavia, se esses fatores limitantes deixarem de servir ao ego terapêutico, poderão e deverão ser eliminados. A religião, por exemplo, pode servir como conforto ou meio de autoajuda, mas não pode passar disso e nos impor qualquer exigência moral.

Não há muito que essa visão desaprove, exceto talvez atividades não consensuais. O consentimento é aceito como a tênue linha divisória entre o moral e o imoral, porque é a linha na qual a vontade de uma pessoa se contrapõe à vontade de outra. Nada é intrinsecamente errado, a menos que algum participante se lhe oponha. Isso leva a todos os tipos de absurdos: por exemplo, devemos acreditar que o sexo é tão sem sentido que podemos praticá-lo com quem quisermos, mas ao mesmo tempo vê-lo como algo tão íntimo que um abraço indesejado há de ser considerado agressão sexual. Quando nada é errado, qualquer coisa pode ser ofensiva.

A segunda pergunta que os *woke* usam para definir uma pessoa é: "Como eu fui ferido?" A primeira questão, enraizada na terapêutica, conduz à segunda, enraizada no ressentimento. Ambas situam a posição da pessoa num eixo de poder – orientado pelos seus meios de obtenção e negação do poder.

Em contraste, a compreensão cristã da pessoa humana não afirma que ela é uma vontade em busca de poder, mas que é amada por Deus, feita à sua imagem e, portanto, dotada de obrigações para consigo mesma e para com os outros. O autor e estudioso Carter Snead diz que podemos observar o modo como entramos no mundo a fim aprender algo sobre nossa natureza e propósito. "Eu vim ao mundo não como uma vontade radical isolada, capaz de perseguir os próprios projetos, mas como um bebê. Há, na realidade antropológica dos recém-nascidos, uma lição realmente importante sobre quem fundamentalmente somos."[1] Os seres humanos precisam uns dos outros. Qualquer mulher que esteja passando por uma gravidez e pelo pós-parto sabe que nessas etapas da vida é angustiante estar sozinha. Uma criança sem pai ou mãe percebe, intuitivamente, a profundidade desse vazio. Somos vulneráveis, e a necessidade que temos uns dos outros também significa que temos deveres uns para com os outros.

O conceito cristão de pessoa considera que nosso corpo, na condição de parte integrante de nosso ser, revela e prescreve verdades sobre quem somos e o que devemos fazer, verdades estas que não dependem do que talvez desejemos num determinado momento, mas estão intimamente ligadas ao que trará nossa felicidade – não uma felicidade a ser

---

[1] Carter Snead, "Carter Snead Explains the Secular Vs. Catholic View of the Human Person", vídeo publicado no YouTube em 3 de julho de 2020: <https://www.youtube.com/watch?v=_PpF4dVdwJs>.

encontrada em obter prazer atrás de prazer, como se fosse esse o nosso fim, mas a felicidade de chegar a viver em harmonia com a realidade de nossa natureza de seres racionais e corpóreos.

Autoconhecimento

A ênfase atual e exagerada na autoexpressão é reflexo do desejo de ser conhecido e amado. Trata-se de um desejo justo que, uma vez isolado de sua verdadeira fonte, se manifesta desordenadamente. Conhecer-se realmente não é apenas saber o que queremos, mas poder e querer avaliar o que queremos à luz de uma compreensão objetiva do bem. Flannery O'Connor o disse sucintamente: "Conhecer a si mesmo é, acima de tudo, saber o que falta a si mesmo. É medir-se conforme a Verdade, e não a verdade conforme o ego. O primeiro produto do autoconhecimento é a humildade."[2]

Da mesma forma, o autoconhecimento também é estorvado quando nos vemos absorvidos por grupos que se limitam por ressentimentos mútuos. Esse tipo de tribalismo identitário amplia nossa percepção do mal presente nos outros e dificulta nossa capacidade de ver nossas próprias deficiências. Como a teoria mimética de Girard indica, é fácil ser arrastado a uma identidade de ressentimento, não importa quais sejam nossas posições políticas. Os conservadores podem se unir para degustar seu ódio pelos esquerdistas; as mulheres podem se aproximar umas das outras graças a suas frustrações com seus maridos, assim como os homens podem culpar as mulheres por tudo o que os desagrada. Ninguém está acima dessa tendência, o que ressalta o motivo de precisarmos urgentemente do autoconhecimento que vem com o exame de si.

---

[2] Flannery O'Connor, *Mystery and Manners: Occasional Prose*, Nova York, Farrar, Straus, and Giroux, 1957.

Essa tribalidade queixosa têm um efeito de contágio (comprovado cientificamente) capaz de levar a comportamentos nocivos. Por exemplo, pesquisadores da Brown University, da Universidade de Harvard e da Universidade da Califórnia descobriram que uma pessoa tem 75% mais chances de se divorciar se tiver um amigo divorciado.[3]

Embora esse resultado possa parecer meramente correlativo, as evidências e o bom senso apontam para uma conexão causal, com os resultados do estudo sugerindo que o divórcio pode se espalhar entre amigos. "Em geral, os resultados sugerem que cuidar da saúde dos casamentos dos amigos pode servir para apoiar e aumentar a durabilidade do próprio relacionamento e que, do ponto de vista político, o divórcio deve ser entendido como um fenômeno coletivo, que se estende além dos indivíduos diretamente afetados."[4]

As armas essenciais contra a atração pela tribalidade queixosa são o autoexame e o autoconhecimento. São tão importantes que, sem elas, nossa fé não tem raízes. São John Henry Newman escreve: "Sem autoconhecimento, você não deita raízes pessoalmente; você pode resistir por um tempo, mas sua fé não durará sob a aflição ou a perseguição. É por isso que muitos nesta época (e em todas as outras) se tornam infiéis, hereges, cismáticos, contemptores desleais da Igreja. Eles rejeitam a forma da verdade porque, para eles, a verdade nunca foi mais do que uma forma. Não perseveram porque nunca provaram e viram que o Senhor é misericordioso; e nunca experimentaram Seu poder e amor porque nunca conheceram a própria fraqueza e necessidade."[5]

A verdadeira integridade jamais poderá ser buscada por meio da desconstrução e da redução da pessoa aos seus desejos e queixas. Sob o disfarce do procedimento terapêutico, aceitamos uma opção terrivelmente antiterapêutica.

---

3 Rose McDermott, James H. Fowler e Nicholas A. Christakis, "Breaking Up is Hard to Do, Unless Everyone Else is Doing it Too: Social Network Effects on Divorce in a Longitudinal Sample", *Social Forces*, vol. 92, n. 2, 8 de outubro de 2013.

4 *Ibid.*

5 Sermão 4, em *Parochial and Plain Sermons*, vol. I.

Se não entendermos quem é Deus, nunca entenderemos quem somos nós. Do mesmo modo, uma mentira fundamental quanto à nossa antropologia obscurece e deforma nossa teologia.

Coletivizando o pecado

Por volta da virada do século passado, o teólogo protestante Walter Rauschenbusch tentou unificar a cidade do homem e a cidade de Deus, fundindo sua fé cristã com o crescente movimento socialista. Rauschenbusch alegava que os cristãos precisavam entender o pecado menos como uma questão individual e mais como algo social. O mal, afirmava ele, está localizado nas instituições socioeconômicas e políticas, as quais chamava de "entidades suprapessoais": militarismo, individualismo, capitalismo e nacionalismo. A estes, Rauschenbusch contrapôs quatro encarnações institucionais do bem: pacifismo, coletivismo, socialismo e internacionalismo.[6]

O escritor Joseph Bottum identifica a influência de Rauschenbusch, entre outros, sobre uma popularização do evangelho social que teria efeitos de longo alcance nas devoções americanas. Ao socializar o pecado e torná-lo abstrato, o movimento do evangelho social despojou os cristãos de seu sentimento da necessidade de Cristo.

O problema identificado por Bottum é este: um evangelho social tende a reduzir o cristianismo a um clube social. Cristo é reduzido a instrumento este objetivo da justiça social, em si mais premente. "Cristo é a escada pela qual subimos até um novo patamar de entendimento; mas, uma vez que chegamos a esse patamar, não precisamos mais da escada."[7]

---

[6] Walter Rauschenbusch, *A Theology for the Social Gospel*, Nova York, Abingdon Press, 1917.

[7] Mark Tooley e Joseph Bottum, "America amid Spiritual Anxiety: A Conversation with Joseph Bottum", *Providence*, 19 de junho de 2020: <https://providencemag.com/video/america--amid-spiritualanxiety-a-conversation-with-joseph-bottum/>.

Bottum postula que estamos numa cultura pós-protestante, mas que nossas ânsias espirituais persistem, levando-nos a assumir a justiça social com o fervor espiritual possibilitado pelos restos de apego ao cristianismo que praticamente abandonamos.

Se a transformação da paisagem cristã se deve em parte ao abandono da luta contra nosso pecado pessoal, um remédio consiste em voltar a enfrentá-lo. Uma das coisas mais difíceis a se fazer é avaliar honestamente nossa própria situação. A tentação de pensar que estamos numa situação melhor do que na verdade estamos é um dos nossos maiores obstáculos ao aprimoramento. Somos especialistas em autoengano. É certamente mais fácil acreditar que estou bem e você está bem; a verdade é difícil de dizer e de ouvir. Recuamos instintivamente ao sermos corrigidos. Precisamos de um firme compromisso com a sinceridade – com a fuga ao engano, à duplicidade e à hipocrisia –, sabendo que não a alcançaremos com perfeição nesta vida.

Na Roma antiga, havia alta demanda por escultores competentes; mas, havendo pouca oferta, abria-se um mercado para artistas menos qualificados, que tampavam as imperfeições de suas obras com cera. A palavra *sinceridade* significa "não ter cera". Um olho treinado era aquele capaz de ver a cera e não ser enganado por ela, indicando que a sinceridade é uma espécie de habilidade para a qual treinamos. É necessário treinar nossos olhos para ver nossas falhas caso queiramos ver essas carências. A sinceridade consigo mesmo é a chave para o autoaperfeiçoamento; e a sinceridade para com os outros é o caminho para termos relacionamentos verdadeiros.

Nos Alcoólicos Anônimos, cada membro deve iniciar sua participação em todas as reuniões anunciando que é alcoólatra. Nos Vigilantes do Peso, cada membro deve avaliar e enfrentar sua situação com clareza. Como católicos, é essencial falar sobre nossos pecados com Cristo – por meio do padre agindo *in persona Christi* – para que possamos desenvolver hábitos como o exame de consciência, a confissão de pecados, a aceitação da graça sacramental, o propósito de emenda e o aproveitamento da graça real do sacramento da Penitência. Esses hábitos nos advertem de nossas vaidades e do nosso ego, o que por sua vez cria em nós reverência e humildade.

Jordan Peterson, psicólogo clínico e popular escritor, fala sobre os desafios e a importância, num nível natural, do exame frequente da consciência:

> Se você for uma pessoa sensata, algo que deve fazer é enxergar com algum ceticismo suas próprias motivações positivas. Sempre vale a pena considerar se há alguns motivos mais sombrios por trás da sua pretensa bondade sacrossanta. A bondade dos santos é na verdade bastante rara; então, se você acha que o seu caso é esse, é melhor tentar ter certeza de que está certo. É melhor ter feito um inegável exame de consciência... As pessoas tendem a não fazê-lo porque examinar a própria consciência é uma atividade bastante desagradável, e você tende a descobrir que, sob a superfície, há uma série de coisas bastante sombrias acontecendo, coisas que você prefere não admitir.[8]

Se a tendência de nos definirmos com base nas queixas é o caminho para o desespero e a bifurcação pessoal, a sinceridade e o autoexame são meios esperançosos e fundamentais para que nos restauremos.

Feitos para redenção

A menos que encaremos nossos pecados corajosamente, não nos será possível combatê-los e a redenção será inalcançável. E, embora também precisemos recorrer aos remédios naturais, a Igreja, em sua sabedoria, nos ensina a somar, aos recursos naturais, a graça sobrenatural.

---

[8] Jordan Peterson, "Identity Politics & The Marxist Lie of White Privilege", vídeo publicado no YouTube, por Sovereign Nations, em 30 de janeiro de 2018: <https://www.youtube.com/watch? v=ofmuCXRMoSA>.

Jack Bingham é um convertido ao catolicismo que escreve sobre os demônios e vícios contra os quais lutou desde muito jovem, sobre a miséria associada a essas dificuldades e sobre a liberdade que encontrou por meio do sacramento da confissão. "O catolicismo me deu o que drogas, álcool, sexo e pornografia me haviam prometido." Ele acrescenta que este sacramento foi essencial para ajudá-lo a quebrar os hábitos pecaminosos. "No início da minha jornada, quando tentado pelo pecado, eu literalmente pensava: 'Eu não quero fazer isso, porque então terei que me confessar.' Isso criou um senso de responsabilidade que eu não conseguiria alcançar sozinho."[9]

Há uma cena poderosa na série *Breaking Bad* que mostra uma reunião dos Narcóticos Anônimos. Nela, Jesse Pinkman, atormentado pela culpa de ter assassinado um homem (mas incapaz de admiti-la), "confessa" ter matado impiedosamente um cachorro. Quando uma mulher do grupo expressa choque e repulsa, é rapidamente silenciada pelo líder do grupo e instruída a não julgar. As palavras do líder, embora bem-intencionadas, são totalmente inadequadas diante da tristeza de Jesse. Jesse responde: "Se podemos simplesmente fazer certas coisas sem que nada aconteça, o que tudo isso significa? Qual é o sentido? Ah, certo, só o que importa é a autoaceitação? Então devo parar de julgar e aceitar? Então não importa o que eu faça, parabéns para mim, porque sou um cara legal?"[10]

Somos uma cultura absorta na autoaceitação. Mas, sendo a natureza humana o que é, também somos um povo imerso na culpa. Traímos, usamos outras pessoas, contamos mentiras para nós mesmos e para os outros, somos egocêntricos e egoístas... Sem um vocabulário comum que seja capaz de situar essa culpa em seu devido contexto, resta-nos apenas negar sua existência, mesmo sentindo que algo ainda está errado.

---

9   Jack A. Bingham (@HopeCatholic), no Twitter.
10 *Breaking Bad*, ep. 7 da quarta temporada.

Por isso, tendemos a ficar na defensiva quando alguém afirma certas verdades óbvias: nada é mais ofensivo do que a verdade que estamos tentando calar dentro de nós. Parece melhor tornar-se o acusador, aquele que nada julga, mas tudo despreza. Confrontado com seu desespero, Pinkman sentiu que, se deve haver uma saída, ela não está na frágil compaixão da autoaceitação genérica, um bote furado para a vítima de uma enchente.

Ao conferir uma arquitetura sacramental à nossa vida espiritual, a Igreja nos lega a oportunidade e a obrigação de examinar rotineiramente o estado de nossas almas, de nos enxergar com honestidade, assim como de experimentar um encontro regular, real e profundo com o perdão. Quando recebido com sinceridade, o sacramento da confissão nos leva a enfrentar nossas fraquezas e falhas de uma maneira que nos dispõe a olhar mais misericordiosamente uns para os outros e a reconhecer nossa profunda necessidade de um Deus misericordioso.

Ser conhecido pelos outros

A despersonalização da cultura e o surgimento das mídias sociais criaram essa experiência – exclusivamente moderna – de podermos ver grandes quantidades de pessoas que não nos podem ver e que nem mesmo nos conhecem. Isso é fica patente diante da cultura das celebridades e da democratização dessa cultura por meio das mídias sociais, que põe a celebridade ao alcance de todos. Ser visto tornou-se irresistível. Mas ser visto e ser conhecido são coisas diferentes.

O indivíduo moderno tende a ficar fraturado; é consumido pelo esforço de projetar quem ele quer ser e esconder quem é, enquanto espera que a imagem projetada seja a realidade. No entanto, atormenta-o a possibilidade de que a projeção não seja real, de que ele não possa ser conhecido, uma vez que não consegue encarar a si mesmo.

Essa fratura é a razão pela qual ficamos tão preocupados em nos convencer de que somos dignos de estima. Dizemos a nós mesmos que somos bonitos, fortes e poderosos. Mas... e se às vezes somos mesquinhos e fracos? Começamos a enxergar, mas logo nos distraímos, nos reafirmamos e desviamos os olhos.

Queremos tanto que a imagem desejada do nosso ego triunfe sobre a realidade que nos afastamos dos outros ou vemos os outros como um meio de afirmar nossos egos projetados. Continuamos bifurcados, fraturados e vistos, mas não conhecidos. Divididos e fracos, justificamos nossas ações mesmo quando suspeitamos de que possam ser graves e moralmente erradas; então pedimos (exigimos) que os outros também as justifiquem.

Em contraste, a intimidade com o outro é terrível e bela; ela nos obriga a que nos enxerguemos e saiamos de nós mesmos. Não podemos amar o que não conhecemos. Há certa particularidade e certa vulnerabilidade no amor. É impossível que nossos traços indesejáveis sumam diante de alguém que realmente nos conhece. Assim, tornamo-nos pessoas que pensam segundo a realidade, de um modo ao mesmo tempo humilde e esperançoso.

Junto com o aumento do autoconhecimento vem essa amizade íntima com os outros. Floresce uma nova sinceridade, que permite que o outro nos conheça verdadeiramente e, em troca, nos vejamos com clareza. Evitar essa honestidade na amizade pode ser consequência de evitar a Deus, cuja face só veremos um dia se nesta vida tivermos uma amizade sincera com Ele. Quer o conheçamos ou não, Ele nos conhece mais profundamente do que nós mesmos... e isso é algo terrível e bonito de se encarar.

Conhecer a nós mesmos com clareza nos ajuda a ver os outros com generosidade. Muitos experimentaram o aguilhão da divisão em suas amizades e em suas famílias durante a turbulência de 2020. É bom lembrar que as pessoas não são idênticas aos movimentos. Embora possamos nos sentir tentados a postar colericamente nas mídias sociais ou a reagir à cólera dos outros, vale lembrar que a maioria das pessoas é menos consumida pela ideologia do que essas plataformas – pelos seus próprios limites – talvez venham a mostrar. Se tudo o que vemos das pessoas está neste âmbito, torna-se fácil desumanizar e despersonalizar o outro.

A realidade é que, embora alguns se tornem expressões militantes da mentalidade *woke*, a maioria simplesmente a absorveu por meio da mensagem ambiente que permeia as instituições responsáveis por moldar nossa cultura. Do sistema educacional aos principais meios de comunicação, da cultura pop à Madison Avenue, recebemos um filtro através do qual vemos quase tudo, sem perceber que é através de um filtro que estamos observando as coisas. Pode ser útil enxergar nossos contemporâneos como vítimas da ideologia em vez de condutores dela. Eles estão recebendo as doses do veneno, e não administrando-as.

Todos são suscetíveis a desprezar amigos e familiares, especialmente quando algo valioso está em jogo e as consequências são profundas. O ódio a uma ideologia pode facilmente se tornar ódio à pessoa que a defende, e esse seria o verdadeiro triunfo daquilo que pensamos estar combatendo. Dorothy Day resumiu o chamado radical ao amor: "A real medida do meu amor a Deus é o meu amor à pessoa que menos amo."

Um elemento essencial da amizade é a capacidade de enxergar além dos aspectos superficiais do outro, segundo os quais dizemos: Fulana está acima do peso, Beltrana é muito bonita, Cicrana está velha e enrugada, e não sei quem é de tal raça. Ainda vemos tudo isso em sentido literal, mas existe uma maneira real pela qual enxergamos além desses atributos. A pessoa simplesmente se torna João ou Maria, Camila ou Felipe.

Esse percurso natural da amizade, cujo fim é a intimidade, foi problematizado pelos *woke*. Não atentar para a cor da pele, atualmente, é visto – na melhor das hipóteses – como ingenuidade, se não for mais um indício de racismo. A cor da pele, para os *woke*, não é um atributo superficial;

ela está no âmago da pessoa humana. Não se importar com a cor da pele é não se importar com quem alguém realmente é. De acordo com Ibram X. Kendi, "A ideia comum de dizer-se 'cego para a cor' é semelhante à noção de 'não ser racista'; como acontece com o 'não racista', o indivíduo cego para a cor, porque deixa ostensivamente de enxergar a raça, não consegue enxergar o racismo e cai na passividade racista. Falar de cegueira quanto à cor da pele, como tudo o que falam os 'não racistas', é uma máscara para esconder o racismo."[11]

Declarar que a cegueira para a cor da pele é problemática equivale a dizer que a verdadeira amizade não é apenas impossível, mas opressiva. O objetivo fundamental dos relacionamentos humanos, neste modelo, não é a amizade, mas a ênfase diabólica na divisão. Essa ideologia é um obstáculo para a amizade e para o amor em geral, encorajando a busca contínua de transgressões a serem expostas para validar nossa condição essencial de oprimidos.

A disposição do santo animado pelo amor de Cristo é radicalmente diferente. Santa Teresinha descreveu como buscava crescer no amor ao próximo, especialmente quando o diabo punha diante dela uma consciência exagerada dos defeitos alheios; em resposta, ela procurava recordar as virtudes da pessoa acusada. "Digo a mim mesma que, se a vi cair uma vez, ela pode muito bem ter tido muitas vitórias, as quais esconde por humildade. [...] Ah, compreendo agora que a caridade perfeita consiste em suportar as faltas dos outros, em não se admirar de modo algum de suas fraquezas, em se edificar com os menores atos de virtude que se vê praticarem."[12] É tão fácil ver as faltas dos outros, e rapidamente atribuímos motivos malignos a elas. Este é o ritual necessário da ideologia *woke*, mas é a morte do amor.

Cristo abriu uma trilha diferente. "Já não vos chamo servos, porque o servo não sabe o que faz seu senhor. Mas

---

[11] Ibram X. Kendi, *How to Be an Antiracist*, Random House, edição para Kindle, p. 10.
[12] Santa Teresinha do Menino Jesus, *História de uma alma*, capítulo 9.

chamei-vos amigos, pois vos dei a conhecer tudo quanto ouvi de meu Pai" (Jo 15, 15). Ele nos conduz à condição de filhos de Deus, que por sua vez nos abre a possibilidade de uma relação familiar profunda uns com os outros. É por meio dEle que somos encorajados a pensar a partir da realidade, a ver as coisas como são, a conhecer nossa pobreza existencial e nossa vocação sobrenatural. Nossa luta fundamental não é contra um sistema, mas contra nós mesmos. Ao travar essa luta, começamos a diminuir para que Ele possa crescer em nós.

Certa vez, um colunista de jornal pediu, a alguns autores famosos, que respondessem à seguinte pergunta: "O que há de errado com o mundo hoje?" De um escritor particularmente elegante e conciso, chegou essa resposta:

> Caro senhor,
> O que há de errado com o mundo?
> Eu.
>
> Com os melhores cumprimentos,
> G. K. Chesterton

12
A família

Para corrigir o erro de dar maior valor a grupos do que a pessoas, não é necessário negar nossa necessidade de pertencer a grupos. O remédio é identificar o tipo de grupo que respeita, em vez de diminuir, a personalidade do indivíduo.

É necessário para as pessoas existir em grupos. Um individualismo extremo, que descarte a necessidade de conviver em comunidade, não servirá como antídoto adequado ao tribalismo da política identitária. Em resposta à oposição entre comunidade e indivíduo, Dietrich von Hildebrand assinala a harmonia que deveria existir entre um e outro. Ele escreve: "[A pessoa e a comunidade] estão tão ligadas que é impossível fazer justiça real à natureza da pessoa ou da comunidade quando se enfatiza uma em detrimento da outra. Se perdermos de vista sua profunda inter-relação, necessariamente nos cegaremos até mesmo para a natureza e a posição daquele que está sendo sobrevalorizado."[1] Quando em comunhão com os outros, tornamo-nos plenamente nós mesmos. A comunidade fundamental da qual se originam a sociedade e a cultura é aquela que, por natureza (mesmo que nem sempre à perfeição na prática), valoriza cada membro individual como único e insubstituível. É a família.

---

[1] Dietrich von Hildebrand, *Trojan Horse in the City of God*, Sophia Institute Press, 1993, p. 21.

Privilégio familiar

Os membros da família privilegiam-se reciprocamente não por preconceito, mas por dever e laços naturais de afeição. John Seita, autor de *Kids Who Outwit Adults,* escreve que o privilégio de ter uma família é uma forma de capital humano que acumula dividendos ao longo do tempo. Hoje, porém, um grande número de jovens atravessa a vida sem o apoio de pais estabilizados ou de uma família estendida. "Mesmo nas famílias tradicionais", escreve Seita, "o privilégio familiar não é certo. Ele deve ser construído intencionalmente, e não apenas por tentativa e erro, esperança e oração. Os beneficiados pelo privilégio familiar, em geral, não o estimam: como o oxigênio, nunca notamos sua falta, a menos que estejamos sufocando."[2]

O privilégio familiar é algo que todo ser humano merece e é um dever de todos os pais. Transmite uma ordem natural e boa às pessoas e uma harmonia que une o bem comum do todo ao bem dos indivíduos. Os pais assimilam a responsabilidade e a generosidade do amor sacrificial; às crianças é dada uma noção de pertencimento, sentido e segurança.

Diante disso, parece surpreendente que essa ideia de privilégio familiar seja muitas vezes usada de forma pejorativa. Os *woke* a relacionam ao uso mais geral da palavra *privilégio*, com o qual se transmite uma dinâmica de poder, culpa e opressão. Seita ecoa essa ideia: "Aqueles que examinam cuidadosamente o próprio Privilégio Familiar podem chegar a algumas conclusões inquietantes; talvez notem que suas conquistas são produto de privilégios e circunstâncias imerecidas, tanto quanto de seu esforço e capacidade individual. Mesmo as metas e os sonhos podem ser o resultado do privilégio familiar."[3] Como argumento contra o individualismo, essa é uma visão surpreendente-

---

2 John R. Seita, "Growing Up Without Family Privilege", *Reclaiming Children and Youth*, vol. 10, n. 3, outono de 2001: <http://reclaiming-journal.com/sites/default/files/journal-articlepdfs/10_3_Seita.pdf>.

3 *Ibid.*

mente míope e meritocrática da vida. Admitir que alguém pode ter alcançado coisas boas na vida em parte devido à ajuda de outras pessoas abnegadas é dizer que os seres humanos estão fazendo algo certo. A concessão de dons imerecidos a seus membros está no cerne da família humana. Um bebê é posto nas mãos de seus pais em estado de extrema necessidade e incapaz de qualquer ação meritória pela qual possa merecê-lo. Se o privilégio familiar é problemático, então a família é problemática.

A família é um testemunho da dignidade inerente à pessoa. É um incentivo básico e poderoso para que vejamos o amor gratuito de Deus. Ainda que refletir sobre esse privilégio seja benéfico para gerar gratidão e compaixão nas pessoas, não há aqui uma lição análoga à questão do privilégio branco. Pelo contrário: devemos nos esforçar para defender que todos usufruam desse privilégio.

Longe de ser sinal de algo errado na sociedade, a concessão de privilégios entre os membros da família é sinal de saúde. Embora devamos nos preocupar com o bem-estar das pessoas como um todo, nossos deveres são particulares, não abstratos. Se fico doente, é meu marido, e não um homem do outro lado da cidade, que cuida de mim. Faz parte da minha esfera particular de responsabilidade saber que meu filho tem asma, alergia ou tendência a pesadelos. O esforço para globalizar e coletivizar o pecado e o amor é realmente um esforço para rejeitar os deveres inerentes a ambos. Não obstante pareça bom achar que podemos mudar o mundo, o mundo só pode ser mudado grão a grão. Amar a humanidade é fácil. Amar a pessoa à minha frente... nem tanto.

No padrão da ideologia *woke*, sob o pretexto de poupar os sentimentos daquele que não possui um bem particular, negamos a existência dos bens em si. Exigir que todas as estruturas familiares sejam consideradas iguais esvazia, na prática, completamente o significado de família.

Se há algum privilégio nocivo aqui, é o grau de privilégio necessário para desprezar a instituição mais preparada para melhorar a vida das pessoas em situação de pobreza. Um estudo de Harvard conduzido em 2014 indicou que o maior fator a permitir que se preveja a ascensão econômica das crianças pobres nos Estados Unidos é a parcela de famílias com pai e mãe em sua comunidade de origem.[4] Uma pesquisa recente realizada pelo Urban Institute e pela Brookings Institution sugere que o aumento da pobreza infantil entre as décadas de 1970 e 1990 foi resultado direto do declínio da estabilidade matrimonial.[5] Robert Rector, da Fundação Heritage, resumiu isso com perfeição quando disse: "O casamento continua sendo a mais poderosa arma dos Estados Unidos contra a pobreza."[6] Dados os amplos e profundos benefícios da estabilidade familiar, deveria ter sido fácil prever as implicações transformadoras de sua desvalorização. Assim como os críticos que defendem o fim do capitalismo aproveitando cotidianamente as inúmeras vantagens que ele lhes confere, aqueles que defendem a ruptura das estruturas familiares tradicionais muitas vezes o fazem a partir de uma posição privilegiada, sendo beneficiários, ainda que de modo indireto, daquilo mesmo que procuram desacreditar.

Figuras paternas e o verdadeiro empoderamento individual

As histórias de quem escapou de um ciclo de extrema pobreza ou disfunção tendem a ter um tema comum: alguém

---

4 Bradford Wilcox, "Family Matters", *Slate*, 22 de janeiro de 2014: <https://slate.com/human-interest/2014/01/new-harvard-study-where-is-the-land-of-opportunity-finds-single-parents-are-thekey-link-to-economic-opportunity.html>.

5 Zachary J. McDade, ""Is marriage a solution to income inequality?", *Urban Wire* (blog), 29 de outubro de 2014: <https://www.urban.org/urban-wire/marriage-solution-income-inequality>.

6 Robert Rector, "Marriage: America's Greatest Weapon Against Child Poverty", *The Heritage Foundation*, 16 de setembro de 2010: <https://www.heritage.org/poverty-and-inequality/report/marriage-americas-greatest-weapon-against-child-poverty-0>.

o ajudou a se ver como agente morais responsável por seu próprio caminho, em vez de deixá-lo limitado a culpar um sistema ou circunstância por seus problemas. Se, tragicamente, a vida familiar não lhe for completa, o remédio mais próximo é esse tipo de pessoa crucial, capaz de transmitir esta mensagem – uma mensagem que a cultura do ressentimento procura calar. Dizer a grupos de pessoas que elas são vítimas e deuses faz com que estas pessoas só possam sentir desespero e licenciosidade. É como prescrever quimioterapia para gripados. A mensagem nos adoece de uma nova maneira incentivo e não ajuda em nada com o problema anterior, que continua existindo. É difícil triunfar na vida se não há valor em se preparar para atingir uma meta inalcançável.

Em *Created Equal*, documentário sobre sua vida, o juiz da Suprema Corte Clarence Thomas reflete sobre sua infância pobre no seio de uma família desfeita. Em tenra idade, seus avós acolheram a ele e a seu irmão. A influência de seu avô mudou dramaticamente a trajetória de suas vidas. Os meninos souberam, desde cedo, que estavam sendo sustentados pela boa vontade de seu avô e que tinham a obrigação de triunfar sobre suas circunstâncias. Thomas conta que seu avô lhe disse que o racismo levaria as pessoas a subestimá-lo. A raiva podia ser uma reação aceitável a isso, mas seria muito mais efetivo concentrar-se no que estava sob seu controle. O conselho de seu avô era que os meninos não deixassem espaço para que os outros diminuíssem seu valor. Tire dez numa prova, diria, e não 9,5. Embora ele mesmo fosse analfabeto, estava determinado a formar bem seus netos por meio de grandes expectativas, boas maneiras e responsabilidade pessoal. Seu avô gostava de repetir máximas morais: "O velho Não-Dá está morto – eu ajudei a enterrá-lo"; ou: "Qualquer trabalho que valha a pena fazer, vale a pena fazer direito"; e ainda: "Não desperdice... e não lhe fará falta" e "Jogue com as cartas que recebeu". De acordo com o escritor Myron Magnet, essas expressões simples e enérgicas de sabedoria foram para Thomas "um louvável chamado para enfrentar a realidade e encará-la de frente, sem autopiedade ou amargura".[7]

Thomas também fala de seu flerte com o marxismo quando jovem adulto nos anos 1960 e de como se sentia perpetuamente consumido pela raiva. Quando Thomas se entregou aos tumultos e ao ódio em reação ao assassinato de Martin Luther King Jr. e ao ressentimento causado por sua dolorosa experiência pessoal com o racismo, foi o puxão dado em sua consciência pelos ensinamentos do avô, bem como o apelo de sua formação católica, que o afastou do que ele sabia ser um caminho destrutivo. Depois de uma longa noite de tumultos e caos, Thomas se viu em frente a uma igreja católica, ajoelhou-se e pediu a Deus que removesse a raiva de seu coração.

Refletindo décadas depois, Thomas escreve que seu avô nunca foi capaz de entender como ele, um estudante universitário, poderia se considerar oprimido. "Ele não achava isso de si mesmo e não via por que eu devia achá-lo de mim. Além disso, eu tinha recebido cartas melhores que as que ele jamais recebera – e nós dois sabíamos disso. Minha vida estava cheia de oportunidades com as quais ele nunca ousara sonhar." Thomas sabia que sua raiva contra "o sistema" era apenas uma forma de fugir às suas responsabilidades. "Eu estava inebriado pela retórica revolucionária, mas agora via que aquilo não passava de conversa fiada."[8]

A missão da família

Perto demais da contemporaneidade para ver as coisas objetivamente, talvez tendamos a pousar os olhos nas trincheiras de sempre e a dar passos para trás a fim de entrar em combate. C. S. Lewis descreve isso nas *Cartas de um diabo a seu aprendiz*:

---

[7] Myron Magnet, "The Founders' Grandson, Part I", *City Journal*, outono de 2017. Acessado em 28 de novembro de 2020: <https://www.city-journal.org/html/founders-grandson--part-i-15501.html>.

[8] Clarence Thomas, *My Grandfather's Son: A Memoir*, HarperPerennial, 2008.

> Direcionamos as reivindicações "da moda" de cada geração para ir contra aqueles defeitos que ela menos corre o risco de contrair, e fazemos com que aprovem a virtude mais próxima do defeito que tentamos tornar endêmico. A brincadeira é fazer com que todos corram feito baratas tontas com extintores de incêndio sempre que houver um dilúvio, e que fiquem todos amontoados no lado do barco cuja amurada já esteja quase inteira dentro d'água. Assim, conseguimos fazer com que esteja "na moda" expor os perigos do entusiasmo excessivo na mesma época em que todos na verdade estão se tornando mundanos e indiferentes [...].[9]

Um dos pecados sociais cuja condenação está mais em voga é o patriarcado. Mas, embora possa ser verdade que existem homens maus e exemplos distorcidos de paternidade, será que não estamos acorrendo com extintores de incêndio a uma enchente?

A revolução procurou obstinadamente encorajar o pior comportamento nos homens e, depois, lamentar o estado da metade masculina da humanidade. O que ficou obscurecido, no meio de tudo isso, foi a noção do que a paternidade deveria ser. "Uma nação de meninos perdidos, de órfãos de pai, de jovens à deriva, está apavorada com o excesso de patriarcado", escreve Anthony Esolen. "Ora, isso reforça minha crença na existência dos demônios: o homem, por si só, nunca poderia ser tão vazio e estúpido a ponto de temer que os pais tenham autoridade demais, enquanto dezenas de milhões de meninos e meninas crescem sem qualquer autoridade paterna sobre si. Apenas Belzebu pode explicar isso."[10]

Em resposta a esse enigma, o comentarista esportivo Marcellus Wiley usou sua visibilidade para falar sobre o sentido que a formação de uma família tinha para ele. O contexto era o debate sobre a decisão da NBA de pintar *Black Lives Matter* nas quadras de basquete. Wiley disse a seus coapresentadores e a seu público: "Sou um homem

---

9 C. S. Lewis, *Cartas de um diabo a seu aprendiz*, Martins Fontes, São Paulo, 2009, pp. 129-30.

10 Anthony Esolen, "We Need More Patriarchy, Not Less", *Crisis*, 15 de julho de 2020: <https://www.crisismagazine.com/2020/we-need-more-patriarchy-not-less>.

negro que sempre foi negro, e minha vida importa desde 1974. Esta organização foi fundada em 2013, e estou orgulhoso de vocês. No entanto, tenho travado essa luta por mim e pelos outros por muito mais tempo." Seu tom era leve, mas enfático. "Duas coisas: minha estrutura familiar é vitalmente importante para mim. Não apenas aquela em que cresci, mas a que estou tentando criar agora. Ser pai e marido: essa é a minha missão na vida agora."[11] Wiley disse isso radiante de orgulho e convicção. Ele então questionou: como poderia conciliar a missão de sua vida com a missão declarada do *Black Lives Matter*, que conclamava os ativistas a desmantelar a prática patriarcal e interceptar a família nuclear enquanto prescrição ocidental?

É para nós difícil compreender a importância da paternidade no século XXI porque nossa noção de paternidade foi afetada por exemplos inadequados e experiências danosas, ou ainda pela repetição e ampliação de velhos clichês sobre os homens, os quais levam as mulheres a uma espécie de desprezo e os próprios homens a uma sensação de falta de objetivo. Os comentários de Wiley se tornaram virais, pois eram claramente verdadeiros e foram apresentados com uma cativante simplicidade. Não há mulher ou criança com a cabeça no lugar que não queira um marido forte e um pai amoroso, que trate de sua família com alegria e compromisso.

O fato de diminuirmos e condenarmos esse papel enquanto fechamos os olhos para sua importância não é um problema masculino; é um problema humano, que afeta todos nós e diante do qual somos todos responsáveis. O Papa Bento XVI escreveu: "A crise da paternidade que vivemos hoje é um aspecto básico da crise que ameaça a humanidade como um todo."[12]

---

[11] Ian Schwartz, "Marcellus Wiley: NBA's Plan To Paint 'Black Lives Matter' On Basketball Courts Is a Bad Idea, Look At The Statistics", *RealClear Politics*, 2 de julho de 2020: <https://www.realclearpolitics.com/video/2020/07/02/marcellus_wiley_nbas_plan_to_paint_black_ lives_matter_on_basketball_courts_is_a_bad_idea_look_at_the_statistics.html>.

[12] Joseph Ratzinger, *The God of Jesus Christ: Meditations on the Triune God*, Ignatius Press, São Francisco, 2008.

As estatísticas mostram que há muito menos casamentos entre os jovens adultos atuais do que nas gerações anteriores. Seja por desrespeito ou medo do casamento, este é um mau presságio. O que podemos fazer para reverter essa tendência? Como quase tudo, começa por nós mesmos fazendo nosso melhor. Além disso, precisamos resistir à narrativa de que a carreira é mais importante (para qualquer um dos cônjuges) e reinstituir a visão da família como a tarefa preeminente da vida e o caminho para nossa santificação.

Muito do que se fala a respeito da importância da família e do casamento é dito com cautela no que se refere aos papéis e à submissão, ou à preocupação de nos limitarmos ou nos perdermos. Cada um desses medos pode surgir em qualquer família, e a Fé não é uma panaceia para eles. Mas nossa cautela deve servir de estímulo para que os encaremos mais seriedade, nunca com indiferença ou a paralisia da indecisão. Devemos abordá-los com prudência, não com perfeccionismo, pois a perfeição nunca será alcançada. Há, dentro de nosso medo de viver mal, um desejo de viver bem. Para qualquer pessoa que não esteja cega pela ideologia, é uma verdade muito óbvia que a família é extremamente importante; e essa, como tantas verdades da natureza, é reforçada pela razão e afirmada pela experiência. A ladainha de ataques contra a família se deve, em parte, ao poder de sua verdade e ao desejo desesperado de desviar a atenção que ela merece.

A família cristã

Em seu presciente ensaio de 1933 intitulado "A família patriarcal na história", Christopher Dawson defende a vocação singular da família cristã, esse novo conceito de vida familiar que deve muito a seus antepassados patriarcais e que, no entanto, se revela distinto e transformador.

Primeiro, ele propõe a ideia de que a família humana é o berço da sociedade. A noção moderna de que podemos voltar a um estado de natureza utópica sem restrição sexual não nasceu da antropologia histórica. A ordenação da sexualidade sempre existiu em algum grau como forma de sintetizar as realidades biológicas que nos são apresentadas. "Essa síntese difere de tudo o que existe no mundo animal, pois não mais deixa o homem livre para seguir seus próprios instintos sexuais; ele é forçado a conformá-los a certo padrão social."[13]

As sociedades matrilineares estruturavam o fluxo de linhagem através da linhagem da mãe, sendo a conexão com o pai biológico insignificante ou inexistente. A linhagem patrilinear é uma estrutura mais consistente e histórica, capaz de ligar os homens às suas famílias. Sem poder vivenciar um vínculo biológico direto, como as mães, o pai depende do auxílio da cultura, que passa a enfatizar o vínculo paterno.

O cristianismo aproveitou e transformou esse conceito de família de duas maneiras. "Enquanto a família patriarcal, em sua forma original, era uma instituição aristocrática e reservada a uma raça dominante ou uma classe patrícia, o modelo de família cristã foi proposto a todas as classes, até mesmo aos escravos."[14]

A introdução do conceito cristão de família foi, antes de tudo, uma difusão da família em si, para além da classe ou do *status*. Ao comentar sobre isso, o autor R. V. Young escreve: "O gênio da Igreja está em ser católica, isto é, universal."[15] Assim a família tornou-se, nas sociedades, um elemento mais igualitário.

Além de ampliar a presença social do casamento, a Igreja também o transformou ao insistir no caráter mútuo e bilateral das obrigações sexuais. Tão exclusivamente quanto a esposa pertencia ao marido, o marido também pertenceria à esposa.

---

[13] Christopher Dawson, "The Patriarchal Family in History", em *Dynamics of World History*, Sheed & Ward, 1956: <https://www.catholicculture.org/culture/library/view.cfm?recnum=860>.

[14] *Ibid.*

[15] R. V. Young, "In Defense of Patriarchy", *The Imaginative Conservative*, 9 de agosto de 2020: <https://theimaginativeconservative.org/2020/08/in-defense-of-patriarchy-rv-young.html>.

A família

Em contraste com o casamento pré-cristão, isso tornou o casamento um relacionamento mais individual e pessoal, bem como ainda mais igualitário do ponto de vista espiritual.

Ainda assim, foi a ordem e a estrutura da formação tradicional da família, com suas normas de exclusividade e permanência, que a tornaram capaz de promover o avanço cultural. O que Dawson percebeu foi que, embora a vida familiar possa ser conduzida de forma imperfeita ou até mesmo ruim, de uma perspectiva antropológica ela serve como uma das melhores e mais eficazes formas de salvaguardar a civilização.

Ao atacar o casamento e a estrutura familiar, a ideologia *woke* mira, em última análise, no próprio Cristo. Cada um dos três dogmas distorcidos dos *woke* – a diminuição da pessoa, a rejeição da razão e o desprezo à autoridade – é corrigido pela atuação de uma família saudável. Em primeiro lugar, a família é profundamente pessoal. Depois, promove a ordem e a razão através da transmissão das virtudes necessárias ao bom funcionamento da microssociedade que é a vida familiar. Em terceiro lugar, insere seus membros num sistema de autoridade legítima, que não se baseia no controle ou na dominação, mas no cuidado e na sabedoria necessários para manter os limites e nutrir o amor pelo bem. Trata-se de uma autoridade fortalecida pela confiança e pelo amor que um afeto profundo gera.

O casamento exige que os seres humanos lutem contra sua parte mais animalesca e, em sua permanência, fornece-lhes uma margem de proteção contra caprichos e impulsos. Ao estimular a fidelidade e a indissolubilidade, o casamento também remete à importância, para o bem da prole, da estabilidade. Longe da visão marxista que vê a família como um sistema patriarcal opressor, ela é, ao contrário, o sistema mais capaz de dar conta das necessidades de todos os envolvidos. Em vez de ser uma instituição que necessariamente leva os homens a dominar as mulheres, ela é, por natureza, capaz de fazer com que os humanos dominem as partes mais baixas de si mesmos, de modo a ficarem mais bem equipados para fazer prosperar a cultura. Ela não é, porém, meramente uma prevenção contra os males sociais; antes, é capaz de transfigurar e transformar seus membros em algo novo e fecundo – um saldo maior que a soma de suas partes.

Em contraste, a ideologia *woke* fere o coração não apenas do casamento e da família, mas de Cristo e sua Igreja. O bispo Sheen afirma com veemência: "O mundo moderno, que nega a culpa pessoal e acusa apenas os crimes sociais, que não enxerga o valor do arrependimento pessoal, mas apenas o das reformas públicas, divorciou o Cristo de sua Cruz; o Noivo e a Noiva foram separados." Separados um do outro, cada um perde seu significado. "Ambos esperam novos parceiros que os venham buscar para uma espécie de segunda e adúltera união. O comunismo vem em busca da Cruz carente de sentido; a civilização ocidental pós-cristã quer o Cristo sem cicatrizes."[16] Nesse divórcio, restou-nos uma família desfeita e o vazio do niilismo. Sem Cristo, a Cruz é severidade impiedosa. Querer o Cristo sem a sua Cruz é sentimentalismo molenga.

O escritor Thomas Howard escreveu sobre a maneira misteriosa e um tanto confusa pela qual a fé se apodera desse modelo de unidade entre noivo e noiva para transformá-lo no veículo pelo qual descobrimos uma série de realidades espirituais mais profundas:

> O computador pode, é claro, nos dizer quem trabalhou por quantas horas em determinada tarefa ontem e, portanto, a quem cabe realizá-la hoje. Todavia, não pode nos dizer por que um homem deve deixar seu pai e sua mãe e se unir à sua esposa; nem por que aquele homem deve empurrar seu arado ano após ano; nem por que sua esposa, a cada dois anos, deve cambalear, ao longo de nove meses, levando no ventre o fruto de seu prazer momentâneo; nem por que ela deveria acordar cem noites seguidas para amamentar o filho dos dois; nem

---

16 Fulton Sheen, *Life of Christ*, Image Books, 1990.

> por que esta ridícula rotina é apresentada, num livro sagrado, como uma imagem do mistério de Cristo e da Igreja.
>
> O computador e seus programadores farejarão uma conspiração e procurarão rasgá-la. Demolirão o santuário e derrubarão os véus que escondem as coisas santas. Mas haverá algumas pessoas que desejarão continuar com o rito, crendo que ele de fato tem algo a ver com a doação de si, que tem algo a ver com a Caridade, que tem algo a ver com a Alegria.[17]

Howard pressentiu que a abordagem moderna para esse caminho doméstico um tanto comum seria tratando-o como um contrato ou um computador, algo despojado de mistério e que clamasse pela chegada dos reformadores, com seus cálculos e suas ferramentas de ajuste. Todavia, sem entender as profundas verdades espirituais embutidas nessa estrutura simples, corremos o risco de diagnosticar erroneamente o empreendimento como um todo. Na formação familiar tradicional, há uma metáfora para nossa comunhão com o divino. Além disso, Dawson via a família cristã como uma analogia da relação entre o Antigo e o Novo Testamento. "Aquele é cumprido e espiritualmente transfigurado neste."[18] Neste novo e radical conceito da família cristã, tornou-se possível para todos alcançar a nobreza espiritual. A cidade de Deus – seu reino – não é habitada por uma aristocracia terrena, mas pelas ricas vidas ocultas de pessoas que se dedicaram à glória de Deus, e não à própria.

---

17 Thomas Howard, *Hallowed Be This House*, Harold Shaw Publishers, pp. 89–90.
18 R. V. Young, "In Defense of Patriarchy".

13
A cidade de Deus

O que será da cidade do homem hoje? Tendo sido construída sobre uma base rasa e instável, a decadente vida cosmopolita cedeu, ao passo que a dor, a desordem e as patologias tornaram-se impossíveis de ignorar. O caos e a ruptura semeados há muito tempo agora estão expostos. Todavia, apesar da esterilidade desta terra, temos tudo de que precisamos para transformá-la e torná-la fértil novamente.

O nome *diabo* vem da palavra grega *diabolos*, que pode ser traduzida como "dividir", "separar" ou, mais literalmente, "jogar contra". No coração do movimento *woke* não está a unidade, mas a ruptura – ruptura com nosso passado comum; o vocabulário comum; a capacidade de raciocinarmos juntos, com um cânone filosófico e literário nascido no Ocidente; e um propósito e identidade compartilhados como seres humanos...

Essa dispersão tem efeitos graves e de longo alcance. Há anos presenciamos um desassossego global a respeito de nossa epidemia de solidão. Há também uma epidemia de feridas e mágoas. É um tanto irônico que uma sociedade impessoal, que degrada e diminui a pessoa humana, crie pessoas que tomam tudo como ofensa pessoal. Este é outro sinal de como fazemos de nós mesmos deuses, cada um se tornando tirano de seu próprio reino celular.

Tentamos consertar essas rupturas com campanhas positivas, sermões corporativos sobre consentimento e vídeos de celebridades cantando *Imagine*. Mas, quando a vida inevitavel e repentinamente se incendeia e desmorona, percebemos o escopo do horror logo abaixo da superfície, bem como a total insuficiência de nossos recursos.

Flannery O'Connor escreveu sobre essa tentativa de manter uma sociedade gentil ou terna sem Cristo ou a fé. "Trata-se de uma ternura que, há muito afastada da pessoa de Cristo, não passa de teoria. Quando a ternura é separada da fonte da ternura, seu resultado lógico é o terror. Ela termina em campos de trabalhos forçados e na fumaça da câmara de gás."[1] Um movimento animado pelo ódio ao *Logos* e à inocência, se puder desabrochar, terminará em violência e perseguição aos cristãos. Precisamos de coragem e amor a Cristo e à sua Cruz.

Não devemos nos iludir sobre a batalha que temos pela frente, mas devemos, principalmente, ter confiança e clareza a respeito do imenso e gratuito amor de Deus. A maior ruptura que nos ameaça não é entre amigos, familiares ou sociedades, mas o afastamento de Cristo. Por mais que haja o que lamentar sobre o estado do mundo, o sofrimento pode ser, nesta vida, tanto uma arma que ameaça nos separar dEle quanto um caminho que dEle nos aproxima. A maneira como suportamos o sofrimento determina nossa cidadania na Cidade do Homem ou na Cidade de Deus. Santo Agostinho escreve: "O que é realmente importante, então, não é o caráter do sofrimento, mas o caráter do sofredor. Agitadas pelo mesmo vento, as coisas imundas exalam mau cheiro, enquanto o perfume espalha uma doce fragrância."[2]

Este mundo começa como um parque de diversões e termina como um ajuste de contas ou uma reunião. Quanto mais comprometidos estivermos com a utopia aqui, mais elusiva ela se torna. Sem uma perspectiva eterna, perdemos de vista até mesmo a temporal.

G. K. Chesterton escreveu sobre essa necessidade de uma perspectiva eterna e a natureza fugaz desta vida. Com um

---

[1] Flannery O'Connor, *Mystery and Manners: Occasional Prose*, Farrar, Straus and Giroux, Nova York, 1974.
[2] Santo Agostinho, *Cidade de Deus*, livro 1.

ponto de vista meramente temporal, tomamos a desigualdade como um dado e argumentamos e lutamos pela igualdade, sempre acreditando, à nossa cínica maneira moderna, que a igualdade é uma ilusão.

> Na verdade, é a desigualdade que é a ilusão. A extrema desproporção entre os homens que a vida parece mostrar é algo feito de luzes móveis e sombras que se alongam, um crepúsculo cheio de fantasias e distorções. Contemplamos um homem famoso e não vivemos tempo que baste para vê-lo esquecido; vemos uma raça dominante e não alcançamos o dia em que a veríamos cair... É quando viram e sofreram muito, quando chegaram ao fim dos experimentos mais elaborados, que os homens veem os homens sob a luz igualitária da morte e do riso diário – mistério, em geral, não menor.[3]

Corpo e espírito

A irrupção do movimento *woke* é fundamentalmente uma crise do apagamento iminente da pessoa humana. Vemos o início deste apagamento na exaltação de certo ideal moderno e andrógino de ser humano. A Igreja, ao contrário, nos pede que lutemos pela pessoa inteira, sem a rebaixar nem divinizar.

Podemos descobrir algo sobre nossa vulnerabilidade existencial e sobre o nosso dever ao pensar que começamos a vida como crianças. Da mesma forma, podemos aprender algo essencial sobre quem somos a partir da realidade de nossos recursos biológicos, capazes de produzir ou receber a vida dentro de nossos corpos. Essas realidades corporais apontam para profundas realidades espirituais que, se reduzidas a tarefas e opções de carreira, são banalizadas.

O que nossos corpos ensinam é algo mais profundo do que a paternidade e a maternidade biológicas. Não é que devamos viver essas realidades biológicas de fato, mas sim como espécie. Um homem infértil não deixa de ser homem por causa de

---

[3] G. K. Chesterton, *What I Saw in America*, Dodd, Mead and Company, Nova York, 1922, p. 17.

sua infertilidade. Uma mulher não deixa de ser mulher após a menopausa, por ser estéril. Mas uma pessoa não pode ser integralmente o que é enquanto, de alguma maneira, é definida à revelia dessas capacidades corporais básicas.

Num nível fundamental, a Igreja deve responder reafirmando o que significa ser homem e ser mulher. Sem essa reafirmação, não saberemos nem *como* ser família, nem por que o haveríamos de *querer*. A busca da restauração da pessoa não tem por objetivo apenas uma virtude humana ou o ensejo de uma sociedade funcional, embora essas coisas sejam boas. Dá-se também, e de maneira mais importante, para a reconstrução da Igreja, que é imediatamente antecedente e imediatamente consequente à restauração da pessoa. Pessoas íntegras formam famílias mais fortes, que se tornam terreno fértil para a Igreja. Por outro lado, precisamos que a Igreja, imbuída de autoridade e coragem, pastoreie o seu rebanho.

O sacerdócio

A paternidade do sacerdote é um sinal dessas realidades mais profundas em nossa biologia. Embora não seja pai biológico, ele é, verdadeiramente, um pai. Quando meus filhos eram pequenos, eu ficava surpresa com o quanto adoravam treinar para ser coroinhas e ajudar na Missa. Quando parei para pensar, me ocorreu que parte significativa de seu entusiasmo estava ligada ao fato de aquela ser uma atividade exclusiva para meninos. Se fosse algo para todas as crianças, acho que aquilo pareceria apenas mais uma atividade infantil – uma tarefa, mais do que uma honra. Em vez disso, parte do que eles em algum nível entenderam e os fez reagir era o fato de que aquela não era apenas mais uma atividade infantil, mas uma janela aberta para a vida de homem e pai. A responsabilidade implícita no serviço fazia surgir neles certo senso de mistério e reverência.

O sacerdócio não é um trabalho que pode ser negociado, nem ocupado sob demanda. Trata-se de um chamado para ser um ícone da paternidade de Deus e uma representação do Deus que se fez homem. O fato de o sacerdócio ser masculino não simboliza que as mulheres não sejam suficientemente inteligentes, santas ou dignas, mas é um profundo reconhecimento de que todos nós fomos feitos para a vida familiar. Mais do que de distinções superficiais ou funcionais, a paternidade e a maternidade são ícones de verdades assaz profundas.

Sem que os homens respondam a um chamado específico para serem homens, a religião fica facilmente reduzida a uma questão de sentimento. Ela se torna indevidamente maternal. O ícone da paternidade credibiliza as realidades da batalha espiritual e da guerra contra os inimigos de Cristo. O alijamento da autoridade de Deus e da Igreja, como quiseram os revolucionários, passou pela corrupção da paternidade biológica e espiritual. Homens que não se percebam vitalmente necessários, *enquanto homens,* na luta pela inocência das crianças, bem como na defesa e expansão da fé, não se considerarão necessários em nenhum sentido. Afastados de seu propósito mais profundo, eles desertam em busca de propósitos arbitrários.

São João Paulo II pediu a Santa Teresa de Calcutá que escrevesse uma carta às mulheres. Na missiva, ela enfatizou que fomos criados para grandes coisas – amar e ser amados – e que parte dessa profunda verdade se reflete no modo como Deus nos criou. "Mas por que Deus fez alguns de nós homens e outros mulheres?", questiona. "Porque o amor de uma mulher é uma imagem do amor de Deus, e o amor de um homem é outra imagem do amor de Deus. Ambos são criados para amar, mas cada um de uma maneira diferente. Mulher e homem se completam e, juntos, mostram o amor de Deus mais plenamente do que qualquer um dos dois pode mostrar sozinho."[4] Fundamentalmente, ela se referia não ao fato de homens e mulheres *fazerem* coisas diferentes, mas ao fato de *serem* coisas diferentes.

---

4 Claire Dwyer, "A Special Power of Loving: Mother Teresa's Letter on Women", *Even the Sparrow* (blog), 2 de setembro de 2020: <https://eventhesparrow.com/a-special-power-of-loving-mother-teresas-letter-on-women/>.

Sem entender quem somos, não podemos discernir quem devemos ser. Na amizade íntima com Cristo, nos tornamos nós mesmos. Por outro lado, a negação de nossa natureza criada é um obstáculo à amizade sincera com nosso Criador. A um homem opressor, predatório ou chauvinista, a masculinidade falta, não sobra. Uma mulher que despreza sua fertilidade ou ostenta sua sexualidade carece de feminilidade. Com a santidade, os homens se tornam mais masculinos e as mulheres, mais femininas – não por causa de uma concepção tênue de papéis e obrigações, mas de maneira mais profunda: como símbolos e expressões da natureza e do amor de Deus.

Nossa Senhora, Rainha e Mãe

Não deveria surpreender que, ao perdermos de vista uma dinâmica saudável entre homem e mulher, perdemos de vista não apenas a paternidade, mas também a mulher ideal.

Durante a iconoclastia e a turbulência da Reforma na Europa, Lutero e os reformadores determinaram que o voto de celibato para a vida religiosa não era mais o ideal, devendo ser substituído inteiramente por um ideal de domesticidade. Mulheres que, por anos, tinham vivido em comunidades religiosas foram forçadas a abandonar suas comunidades e se casar com homens. Embora a domesticidade seja boa e nobre, o que se perdeu foi o senso de que as mulheres são capazes de dedicar radicalmente suas vidas a Deus com a força e a determinação que a vida celibatária exige. Eliminado do ideal cultural cristão estava o valioso papel dessas mulheres visionárias e místicas, as quais organizavam suas vidas, administravam comunidades, estabeleciam instituições de caridade e se dedicavam de modo mais profundo à oração, ao estudo, à escrita e à arte.

Embora a devoção mariana persistisse em algumas regiões reformadas, ela foi desencorajada, resultando na mudança de nossa compreensão de Maria e, consequentemente, da feminilidade. Amy Wellborn escreve: "[Maria] não era mais uma poderosa intercessora ou protetora – em vez disso, segundo os reformadores, tratava-se de um modelo de domesticidade. À medida que o culto aos santos foi eliminado, o que também se perdeu foi a noção de que uma mulher poderia servir poderosamente aos interesses de uma comunidade e ser modelo, guia e ajuda para mulheres e homens."[5]

O ritmo cultural e espiritual que celebrava as virtudes dessas mulheres nos dias festivos dedicados a Maria e na proximidade de seus santuários evaporou-se da cultura geral e tornou-se uma peculiaridade dos católicos. "As irmandades dedicadas a Maria, ao Rosário – compostas principalmente por homens –, desapareceram. Em suma, neste novo mundo, parecia não haver lugar para reverenciar mulheres brilhantes, convincentes e inspiradoras, como Catarina de Sena ou Hildegarda de Bingen, por sua sabedoria espiritual."[6] Homens e mulheres não podiam mais recorrer a mulheres em busca de proteção espiritual.

Wellborn continua: "De mulheres invocando Santa Margarida durante o trabalho de parto a marinheiros rezando a *Salve Regina* ao embarcar, passando pelos parisienses homenageando Genoveva, que salvara sua cidade, e pelos espanhóis sob o patrocínio de Teresa de Ávila – tudo isso se tornou inconcebível neste novo mundo."[7]

Em suma, tendo nossa reverência cultural pelas mulheres se desintegrado assim, de maneira muito específica mas fundamental, também passamos a aceitar uma compreensão reduzida do papel feminino, e de tal maneira que ficamos vulneráveis às distorções do feminismo.

Despojada da honra devida a Nossa Senhora, toda a Igreja – homens e mulheres – perde não apenas uma figura de feminilidade, mas uma robusta imagem da própria fé. Ao contemplar o movimento oculto em direção à sua conversão,

---

[5] Amy Welborn, "Women and the Protestant Reformation", *The Catholic World Report*, 28 de outubro de 2017: <https://www.catholicworldreport.com/2017/10/28/women-and-the-protestant-reformation/>.

[6] *Ibid.*

[7] *Ibid.*

Chesterton reconheceu o papel que Maria desempenhara ao conduzi-lo a Cristo e à sua Igreja. Enquanto ele enfrentava o dilema de tornar-se ou não católico, era a figura de Nossa Senhora que permanecia o tempo todo em sua mente, quer ele estivesse defendendo a Igreja Católica, quer estivesse questionando-a diante dos outros ou de si mesmo. "Ainda que a figura [de Maria] se mostrasse distante, ou escura e misteriosa, ou se fosse um escândalo para meus contemporâneos, ou se representasse um desafio para mim, nunca duvidei de que aquela fosse a figura da fé; que ela encarnava, como um ser humano completo, embora apenas humano, tudo o que essa Coisa tinha a dizer à humanidade." Chesterton sabia que, como destinatário supremo do amor gratuito de Deus, Nossa Senhora servia como causa de intriga e escândalo para um não católico. "No instante em que me lembrava da Igreja Católica, lembrava-me dela; quando tentava esquecer a Igreja Católica, tentava esquecê-la; e quando, por fim, contemplei algo mais nobre que o meu destino, o mais livre e o mais difícil de todos os meus atos de liberdade foi diante de uma pequena imagem dela, dourada e muito vistosa."[8]

Na Sagrada Família, encontramos o modelo da vida. A entrada de Deus no mundo aconteceu primeiro na Anunciação e depois no Natal. Ambos os momentos foram tranquilos e simples, no contexto da vida familiar. Maria recebeu-O com um *sim* perfeito e tornou-se mãe – *a* mãe – do seu Filho, que é o Pai de todos. Cristo nasceu naquela família no ponto mais alto da noite, sob um frio penetrante, quando a tortura e a morte rondavam o inocente Menino. O mundo ficou suspenso e de cabeça para baixo, ao passo que o reino celeste se regozijava.

Podemos imaginar Maria contemplando seu olhar. Podemos meditar sobre José – forte, protetor e gentil – contemplando sua família. Cristo e os primeiros cristãos se reuniram na dobra do tempo. A santidade deles, bem como a

---

[8] G. K. Chesterton, "Maria e o converso", em *O poço e as poças*, Ecclesiae, Campinas, 2022.

nossa, não se encontra nas coisas extraordinárias, mas na obediência perseverante nas coisas ordinárias. Mas "ordinário" não deve ser (mal) entendido como medíocre. Ao contrário, o próprio amor que desejou a simplicidade da vida doméstica também ofertou o sofrimento e a tristeza da tortura e da crucificação.

A serpente odeia Maria porque ela, uma criatura, está acima de todos os anjos e tem o poder de atrair as almas para o seu Filho. Ao receber a Cristo, reverenciá-lO, servi-lO e amá-lO, ela se tornou a mulher mais poderosa da história – do passado, do presente e do futuro. Ela não se fez poderosa por meio do poder humano, mas do serviço. Porque ele a odeia, o diabo quer que nós, homens e mulheres, acreditemos que estamos acima do chamado a servir – não para nos engrandecer, mas para diminuí-la. "Sereis como deuses" é a mentira. Na Sagrada Família, na Cruz e na Ressurreição, encontramos a verdade.

A cidade

A batalha não é política: é espiritual. Podemos ter certeza de que, em tempos sombrios, desperta-se um grande anseio pelas coisas eternas. Numa recente viagem a São Francisco, fiquei impressionada com o quanto a cidade é um retrato de extremos: uma riqueza incrível justaposta à miséria desenfreada, uma metrópole de arranha-céus à beira do precipício de um oceano de horizonte bravio. Até mesmo caminhar pelas colinas íngremes da cidade irá lembrá-lo de que lá existe pouco espaço para o meio-termo. Uma cidade que celebra publicamente o orgulho, ao invés da humildade, não poderia ter um padroeiro mais necessário do que São Francisco, que deixou uma vida de riqueza e prestígio para viver humildemente, ao sabor das circunstâncias e priorizando a alma.

Apesar de ter visitado São Francisco ao longo de toda a minha vida, não me lembrava de a pobreza e a desorientação cultural serem tão extremas. A cidade, atualmente, parece áspera e apavorada. Para um habitante, pode ser um pouco mais fácil se acostumar a isso, ou pelo menos não sentir a pontada de tristeza; mas, para um visitante, é como caminhar em meio a uma tragédia. O que começa na decadência termina na violência.

Durante nossa estadia lá, visitamos uma igreja local. A liturgia foi boa; o sacramento foi transformador; o padre disse algo vagamente herético. Em outras palavras, a experiência comum de quem vai à Missa nos Estados Unidos atualmente.

É fácil ficar *blasé* com tudo isso: a riqueza e a miséria, o milagre e a heresia. Grande parte da vida espiritual consiste em ver além do cotidiano para não se afogar na complacência por um mal confortável ou na indiferença ante uma graça transformadora. As superfícies enganam; esquecemos que existe um abismo de maldade e montanhas de graça, que os extremos existem não apenas numa cidade, mas, dolorosamente, dentro de nossa Igreja. Em muitos aspectos, esta é uma história antiga. Em sua visão do inferno, Dante reserva alguns dos círculos mais baixos para bispos e padres. A Igreja sempre foi um campo de batalha para todas as pessoas em todos os estágios da vida espiritual, de São Francisco a Oscar Wilde, de Chris Farley a Andy Warhol. Todas as criaturas, santos e pecadores, lutam, resistem, revoltam-se e retornam continuamente, até seu último suspiro.

Há algo intangível que podemos sentir nas pessoas que sofreram muito mas sofreram bem, unidas à Cruz. Elas compartilham da característica comum da leveza – não de uma forma superficialmente ensolarada, mas nascida de uma grande profundidade. Elas espelham Cristo para nós, a fim de que possamos crescer no amor a Ele. Elas são luz, e nessa luz nós O vemos.

Numa carta a um amigo, Flannery O'Connor escreveu sobre a esperança e o medo que sentia como católica nos tempos modernos. "Acho que a Igreja é a única coisa que tornará suportável o mundo terrível ao qual estamos chegando; a única coisa que torna a Igreja suportável é o fato de que ela é, de alguma forma, o corpo de Cristo e de que disso nos alimentamos."[9] Olhando para o cotidiano, ela viu deformação e graça. Podemos nos sentir tentados a, olhando para a deformação e a graça, ver o cotidiano.

O horizonte da eternidade se estende diante de nós. Aqui não há espaço para meio-termo entre o diabo e Cristo. Ambos trabalham arduamente pelas almas – um pela subversão; o outro, pela luz. Cada um de nós, o religioso e o leigo, o sacerdote e o papa, deve servir a um ou a outro. "Ninguém pode servir a dois senhores", lembra-nos Cristo. Que a luz seja implacável, reveladora, em sua clareza (às vezes dolorosamente) e nos desperte para a realidade de que as apostas são altas e eternas.

Pouco antes de morrer, Santa Mônica e seu filho Santo Agostinho tiveram uma conversa sincera sobre as coisas eternas. Durante anos, as orações dela, constantes e fervorosas, ajudaram a sustentar a semente da fé em seu amado filho, o que culminou na alegria de seu prodigioso retorno a Cristo. Neste momento, no que acabaria sendo um dos últimos dias de Mônica, eles conversaram sobre a cidade eterna, sobre como era aparentemente fina e insignificante a cortina que os separava daquela cidade. A conversa foi um tanto mística – o vislumbre de uma alegria indescritível com Cristo, a qual eles compartilharam um com o outro como companheiros de peregrinação ao encontro dEle.

De alguma forma temos, nesse anseio por chegar a essa cidade, um vislumbre dela – não nos mecanismos da cidade do homem, mas na ampla paisagem da cidade de Deus. Uma é aço e cimento; a outra, prado e floresta.

"Ansiemos pela cidade de que somos cidadãos... Ao ansiar, já estamos nela; já lançamos nossa esperança, como uma âncora, naquela costa. Eu canto sobre outro lugar, não sobre este; pois canto com o coração, não com a carne. Os cidadãos da Babilônia ouvem o som da carne, mas o Fundador de Jerusalém ouve a melodia do coração."[10]

---

9 Ralph C. Wood, *Flannery O'Connor and the Christ-Haunted South*, Wm. B. Eerdmans, 2005.
10 De um sermão de Santo Agostinho de Hipona, citado em Peter Brown, *Augustine of Hippo*, p. 314.

Aos curiosos se adverte
que este livro foi impresso
em papel offset 75 g/m²
e a capa em papel cartão 250 g/m²
para a Quadrante Editora, de São Paulo,
no início de 2025.

OMNIA IN BONUM